La Couleur de l'Arc en Ciel

Management et Compassion

Swami Amritaswarupananda Puri

Mata Amritanandamayi Center, San Ramon
Californie, États-Unis

La Couleur de l'Arc en Ciel
Management et Compassion

Swami Amritaswarupananda

Publié par :
Mata Amritanandamayi Center
P.O. Box 613
San Ramon, CA 94583
États-Unis

———————————— *Color of the Rainbow (French)* ————————

Première édition : par le Centre MA : septembre 2016

En France :
Ferme du Plessis
28190 Pontgouin
www.ammafrance.org

En Inde :
www.amritapuri.org
inform@amritapuri.org

DÉDICACE

Ce livre est dédié à
Sa Sainteté Mata Amritanandamayi Dévi.
Elle a toujours été le phare qui me guidait, grâce à sa
vie admirable, à son incroyable sagesse et à son exemple
incomparable. C'est elle qui, en vérité,
offre ce livre au monde. En le rédigeant,
je n'ai été que son instrument.

Amma
Sri Mata Amritanandamayi

TABLE DES MATIÈRES

PRÉFACE 1

Dans cet ouvrage, Swami Amritaswarupananda évoque les trente-quatre années qu'il a passées auprès de Mata Amritanandamayi Dévi (Amma). Il raconte de nombreuses anecdotes très émouvantes qui mettent en lumière la manière unique dont Amma prend ses décisions, sa vision du monde, le pragmatisme qu'elle manifeste dans le choix des stratégies et les résultats remarquables qui en découlent.

L'étude des concepts les plus efficaces de management et de leur mise en application s'avèrera bénéfique à tous ceux qui ont soif d'apprendre, qu'il s'agisse d'un érudit qui étudie les théories du management à l'université, d'un chef de famille qui veut administrer efficacement la maisonnée, d'un employé qui désire apprendre à gérer une équipe ou d'un PDG qui dirige une multinationale. Cette étude approfondie de la sagesse antique qu'Amma incarne nous dépeint de manière vivante ses caractéristiques : des idées bénéfiques à la société, l'absence de peur, l'enthousiasme, le travail assidu, la flexibilité, l'humilité, la compassion, la discipline, le pardon, la gratitude, le contentement, l'équité et la patience.

Ce livre nous révèle peu à peu les moyens concrets d'utiliser les ressources disponibles, l'attitude juste envers le travail, la façon de mener à bien les projets entrepris, en restant responsable et dévoué, et par-dessus tout, l'importance d'adopter une attitude pleine d'amour, de compassion et de détachement dans tout ce que nous entreprenons.

Les valeurs sont au confluent de la gouvernance et de l'enthousiasme. *La Couleur de l'Arc en Ciel* met en lumière des techniques hors du commun pour aider les managers à développer chez les employés une loyauté et un dévouement sincères, tout en ayant un impact bénéfique sur la société.

PRÉFACE 2

La vision divine de Sa Sainteté Mata Amritanandamayi Dévi, ou Amma (Mère), comme on l'appelle affectueusement dans le monde entier, ne pouvait trouver meilleure expression que sous la plume de Swami Amritaswarupananda. J'ai eu le privilège de connaître de près Amma et Swamiji. Les enseignements d'Amma sont pour moi depuis des années une source d'inspiration et de force morale. Je suis donc enchanté que Swami Amritaswarupananda ait décidé d'écrire ce livre, qui exprime avec éloquence l'essence des enseignements d'Amma

Je suis convaincu que ces leçons de management seront appréciées non seulement des admirateurs d'Amma mais aussi d'un public plus large, qui leur fera bon accueil et leur accordera l'importance qu'elles méritent.

L'extraordinaire travail social d'Amma et son œuvre humanitaire sont devenus légendaires. Elle a transformé la vie de millions de gens, avec le désir de répandre partout un message divin de joie et de bonheur. Sa vie est un exemple qui doit nous inspirer.

Amma n'a reçu que peu d'instruction, mais elle est devenue l'architecte d'un remarquable réseau d'activités humanitaires et caritatives, qui va de l'éducation à la santé, en passant par l'aide sociale et les secours d'urgence.

Pour gérer toutes ces activités, des techniques de management exceptionnellement performantes sont nécessaires. Swamiji expose ici les enseignements d'Amma ainsi que la sagesse inimitable et intuitive en matière de management qui l'a poussée à prendre contact avec des millions de gens et à transformer ainsi leur vie.

Etre manager, c'est beaucoup plus que diriger du personnel, optimiser les profits d'une entreprise, amener une équipe de professionnels à atteindre les objectifs fixés ou réaliser des ambitions personnelles, j'en suis personnellement convaincu depuis long-temps.

La capacité de diriger trouve essentiellement sa source dans la force intérieure, dans le fait d'être bien ancré en soi-même lorsqu'on interagit avec autrui. La connaissance transmise par ce livre vous guidera à coup sûr vers les sources possibles de cette force intérieure.

Le livre de Swamiji prend en compte à la fois les aspects pratiques et spirituels du management. C'est en associant ces deux éléments que le message d'Amma s'est répandu dans le monde. Ce texte permettra au lecteur de développer ses talents de manager et de les exercer d'une manière efficace et bénéfique.

Je félicite Swami Amritaswarupananda d'avoir publié ce livre sur le management. Je suis certain qu'il constitue un précieux ajout à l'héritage déjà inestimable que nous a légué Amma, ce trésor qui a apporté dans le monde entier la joie et l'espoir.

Shashi Tharoor
Membre du Parlement,
Ministre d'état pour le Développement
des Ressources Humaines
Ancien Sous-secrétaire Général des Nations Unies

INTRODUCTION

Avant de présenter ce livre, permettez-moi de confesser que je ne possède aucun diplôme en management. Je ne suis pas un manager professionnel, je suis moine. Pour être plus précis, ma vie et mon travail sont placés sous l'égide d'une personnalité mondiale très particulière. Elle dirige son organisation internationale selon des principes bien définis, qu'elle enseigne par l'exemple.

Elle n'est allée que quatre ans à l'école et ne parle que le malayalam, sa langue maternelle. Son langage est simple et familier. Elle communique néanmoins avec des gens de tous les horizons, de tous les niveaux d'éducation et d'expérience, de toutes les castes et de toutes les religions, et cela dans le monde entier. Sa connaissance du monde, des gens qui y vivent et de l'esprit humain est époustouflante. Elle est capable d'exposer les sujets les plus difficiles au moyen d'exemples et d'histoires simples.

Il y a trente-quatre ans que je suis son élève et j'apprends encore. Elle s'appelle *Mata Amritanandamayi Dévi*. Ses fidèles et ses admirateurs du monde entier l'appellent affectueusement Amma et elle est connue pour la manière particulière dont elle reçoit tous ceux qui viennent à elle en les prenant dans ses bras. Elle a créé un vaste réseau d'œuvres caritatives : hôpitaux, écoles primaires et secondaires, universités, recherche dans le domaine des sciences sociales, programmes de secours d'urgence et de réhabilitation, formation professionnelle, projets environnementaux, maisons gratuites pour les pauvres, orphelinats, et bien d'autres choses encore.

Ce livre tente de donner un aperçu de la manière particulière dont Amma dirige l'une des plus grandes ONG du monde.

Tout le mérite de ce livre lui en revient car c'est elle qui a guidé et inspiré ce travail. J'ai ainsi réalisé un rêve que je chérissais depuis longtemps. Je me rappelle encore clairement le moment, juste après les fêtes en l'honneur des cinquante ans d'Amma (*Amritavarsham 50*), où le désir d'écrire ce livre a surgi en moi. J'en parlai à Amma. « Vas-y ! » me dit-elle. Et depuis, de temps en temps, elle me demandait : « Alors, tes œufs n'ont pas encore éclos ? »

A vrai dire, j'ai couvé l'idée pendant de nombreuses années. En fait, pendant les cinq dernières années, je me suis préparé mentalement à écrire cet ouvrage en lisant des livres et des articles, en recueillant des informations et surtout, en observant Amma du point de vue d'un CEO/PDG .

(Chief Enlightened Overseer : Jeu de mots intraduisible en français : CEO, en anglais Chief Executive Officer, c'est-à-dire PDG, est ici employé pour CEO, Chief Enlightened Overseer : manager suprêmement éclairé).

Car au fond, ce sont ses qualités exceptionnelles de dirigeante qui ont accéléré le processus et donné des ailes à ma pensée.

En étant proche d'Amma et en l'observant constamment, on découvre un ensemble de talents incomparables : le calme et la compassion avec lesquels elle gère toutes les situations et tous les problèmes, sa patience infinie et sa capacité à écouter tous les gens avec empathie, son humilité et son équanimité, la manière informelle dont elle se mêle aux gens et communique avec eux, l'amour et la sollicitude qu'elle manifeste envers tous, son énergie inépuisable. Dirigeants et gouvernants peuvent apprendre énormément d'elle.

Bien que les Écritures de l'Inde ancienne parlent abondamment des systèmes d'administration et de gestion, le Taylorisme ou « management scientifique », tel qu'il fut exposé par Frédéric Taylor, est le premier document moderne traitant du sujet.

Cette approche insiste sur l'étude et la quantification du travail exécuté, l'évaluation des méthodes employées et la mesure de la productivité qui en résulte, sans grande considération pour le travailleur.

Le second mouvement commença aux Etats-Unis, quand Peter Drucker devint le guru en matière de management. Contrairement aux idées de Taylor, Drucker affirmait que les entreprises ont certes la responsabilité de faire des profits, mais qu'elles ont aussi le devoir de prendre soin des employés. Il soulignait – et c'était là sa conviction profonde - que les employés devaient être traités comme des êtres humains qui contribuaient à l'épanouissement de l'entreprise, et non comme des machines.

L'approche de Drucker subit ensuite l'influence du mode de gestion japonais, qui met l'accent sur la qualité, mode dit TQM (Total Quality Management), ou encore Défaut Zero.

Les modèles de management ont continué à évoluer au fil des années pour s'adapter à l'environnement politique, social et économique. Pendant des années, le modèle courant fut le POLC (Planning, Organizing, Leading, Controlling : Planifier, Organiser, Diriger et Contrôler). Mais les progrès dans les technologies de communication, et les nombreux changements qui ont eu lieu à grande échelle dans le monde des affaires ont conduit à remplacer le modèle POLC par le modèle ROAR (Reacting, Organizing, Awakening, Re-visiting : Réagir, Organiser, Réveiller et Revisiter).

Aujourd'hui, le terme moderne est « Sustainable Management », le management durable, concept dans lequel les stratégies d'entreprise sont confrontées aux problèmes de notre temps.

En outre, certaines organisations considèrent sérieusement la possibilité d'introduire des prises de décision plus démocratiques, ce qui donnerait aux employés plus de liberté dans le choix de chefs d'équipes, des collègues et de l'organisation du travail.

Dans une atmosphère amicale et ouverte, les employés sont plus responsables. Ces organisations abandonnent la structure hiérarchique traditionnelle et constatent que ce style de management donne les meilleurs résultats. Une telle gestion pourrait bien devenir la norme à l'avenir.

On propose aux membres du personnel des cours sur la spiritualité et des ateliers de yoga et de méditation, dans l'espoir de créer un environnement sans tension, détendu. La créativité est appréciée et des séances de brainstorming sur les nouveaux projets, les nouvelles idées, incluent toutes les parties prenantes.

Actuellement, on peut dire que chaque entreprise a son propre style de gestion et d'administration, généralement un conglomérat d'idées accumulées par la hiérarchie au fil de nombreuses années. Vu la floraison de points de vue, de commentaires et d'interprétations concernant la gestion et la direction, chaque entreprise développe ses propres priorités, ses préférences, et ses tendances.

Le management joue un rôle vital non seulement dans le milieu des affaires et des organisations mais dans tous les domaines de la vie. Partout où des gens s'efforcent ensemble d'atteindre un but commun, nous observons la mise en place de principes de gestion, que ce soit d'une manière subtile ou tangible. Amma constate : « Qu'il s'agisse de cinq personnes vivant dans la même maison ou de cinq cents travaillant dans une entreprise, au fond, diriger signifie gérer le mental des personnes, quel que soit leur nombre. Mais le point le plus crucial, c'est qu'à moins d'être capable de se diriger soi-même, de gérer son mental, ses pensées et ses émotions, il n'est guère possible de diriger les autres efficacement. Voilà la première leçon dans ce domaine, et la plus essentielle : apprendre à se gérer soi-même.

Il ne fait aucun doute qu'en Amma, nous voyons réunis les meilleurs concepts du management moderne : une vision qui bénéficie réellement à la société, l'absence de toute peur, l'enthousiasme, le travail opiniâtre, la capacité d'adaptation, l'humilité, la compassion, la discipline, la faculté de pardonner, la gratitude, le contentement, la justice, la patience, etc. En voyant Amma rester assise pendant des heures à étreindre des gens, des journalistes du monde entier lui demandent le secret de son énergie inépuisable. Amma répond : « Je ne suis pas comme une pile qui se décharge au bout d'un moment. Je suis éternellement reliée à la source d'électricité. »

Voici ce qu'une étude approfondie de cette dirigeante aux facettes multiples nous permet de découvrir : une façon très pragmatique d'utiliser les ressources disponibles, l'attitude juste par rapport au travail, une manière de rester engagé et responsable dans les projets que l'on entreprend, et par-dessus tout, l'importance capitale de garder une attitude pleine d'amour, de compassion et de détachement dans tout ce que nous faisons.

Une histoire connue nous parle du grand sage Véda Vyasa. Il est l'auteur des dix-huit *Puranas*, du *Mahabharata*, des *Brahmasutras* et il a codifié les Védas. C'était une âme sage et éveillée, il avait anticipé l'avenir de l'humanité. Il vit que dans le futur, l'humanité allait s'enliser dans le profond marécage de la décadence spirituelle, morale et éthique. En tant que bienfaiteur du monde, il voulut faire quelque chose pour aider ses malheureux descendants. Par pure compassion, il codifia les Védas et les divisa en quatre parties. Puis il écrivit le Mahabharata. Cette œuvre immense comprend à elle seule plus de cent mille versets, plus de deux cent mille vers. Chaque verset est un distique. Le livre comprend environ un million huit cent mille mots. C'est à peu près dix fois la longueur de l'Iliade et de l'Odyssée réunies. Les études et l'énorme travail de recherche entrepris équivaudraient à une centaine de thèses de doctorat, révélant une connaissance approfondie d'une grande variété de sujets.

Vyasa croyait sincèrement que ses œuvres aideraient les générations futures à s'élever spirituellement et moralement. Mais il voyait cependant toujours l'humanité enveloppée par les ténèbres. Et donc, malgré tous ces ouvrages exceptionnels, le sage à l'intellect si brillant ressentait une profonde tristesse, une tristesse qui était en vérité un reflet des tourments à venir pour l'humanité. Afin de trouver une solution, Vyasa s'adressa à un autre être extraordinaire, le sage Narada, pour lui demander conseil. Narada expliqua à Vyasa que son insatisfaction provenait essentiellement de l'absence d'amour véritable dans ses ouvrages. Bien qu'il fût éveillé, bien qu'il n'eût pas d'égal dans le domaine de la connaissance, il n'avait pas exprimé dans ses chefs d'œuvres les manifestations de l'amour divin. Selon Narada, plus que de la connaissance, les générations futures auraient besoin de l'expérience de l'amour vrai, qui révèle l'unicité du Principe divin. Inspiré par le conseil de Narada, Vyasa écrivit la grande épopée du *Bhagavata Purana*, qui raconte la vie de Sri Krishna, les facéties auxquelles Il se livrait dans Son enfance et par-dessus tout, l'amour inconditionnel que les gopis, les vachères de Vrindavan, avaient pour Lui.

Cette histoire est riche d'enseignements et contient des messages profonds. Un : notre vie et tout ce que nous aurons pu accomplir ne valent rien si nous n'avons pas un amour profond et plein de respect envers toute la création. Deux : nous avons peut-être de nombreuses réussites à notre actif mais rien de tout cela n'est le point culminant de la vie. Le summum de l'existence, c'est l'amour. Trois : éveiller l'amour latent en nous et comprendre qu'il est notre nature réelle nous permet d'accéder à l'état de pure compassion.

Un cœur plein d'amour s'exprime par des paroles et des actions compatissantes, qui bénéficient sinon à tous ceux qui nous entourent, du moins au maximum d'entre eux.

Quatre : Véda Vyasa était un modèle de toutes les vertus divines et possédait une incomparable sagesse. Mais il fut assez humble pour demander l'avis et la bénédiction d'un autre grand sage, Narada.

Examinons maintenant ces idées du point de vue d'un dirigeant économique. Lorsque nous occupons une position élevée, que nous avons du pouvoir, nous sommes obligés de faire preuve de maturité et de compréhension dans nos paroles et nos actions. Si telle n'est pas notre nature, il nous faudra développer ces qualités, faute de quoi notre attitude sera contreproductive et notre carrière en souffrira. Une attitude de respect est donc importante.

La vie est un flot où rien n'est jamais statique. Si nous n'avançons pas, nous reculons très vite. C'est comme si nous étions pris dans une foule énorme en pleine course. Pour éviter d'être piétinés, nous n'avons pas d'autre choix que de suivre le mouvement. Courons donc avec la multitude, mais prenons un jour notre envol pour nous élever vers les hauteurs.

Une action qui se répète peut-elle nous amuser ? Ce qui est amusant, c'est de monter, de s'élever vers les cimes de l'amour, et non de tomber amoureux. C'est alors que nous acquérons plus de maturité et de compréhension.

Nous voyons alors les choses à partir d'un plan de conscience supérieur. Le soleil de la compassion et du respect se lève en nous et nous sommes amenés à l'état d'humilité, qui permet à un flux constant de pure énergie de couler en nous et en toutes nos actions. Cette énergie se répand en nous lorsque nous nous prosternons devant l'univers.

Les trois facteurs majeurs du succès, à savoir l'imagination, la créativité et la capacité d'innover, n'apparaissent que si nous aimons la vie, si nous avons dans notre travail une attitude d'adoration.

Pour ceux qui vivent uniquement sur le plan physique, l'amour se résume au désir sexuel. Pour ceux qui parviennent à percer la surface des apparences dans le mental, l'amour est imagination et créativité. Pour eux, l'amour est un sentiment. Les grands danseurs, les musiciens, les peintres et les poètes entrent dans un état de transe, une identification temporaire avec ce qu'ils sont en train de créer. Ralph Waldo Emerson avait raison lorsqu'il écrivait ces lignes : « Un peintre m'a expliqué que personne ne pouvait dessiner un arbre sans devenir en quelque sorte un arbre, ni dessiner un enfant uniquement en étudiant les contours de sa forme… il faut aussi observer un moment ses mouvements et ses jeux, et saisir ainsi sa nature ; alors le peintre peut reproduire ses différentes attitudes… » Cette forme d'amour est un sentiment profond qui dure un certain temps. Il est certes rare et précieux. Mais il existe une troisième catégorie de gens qui savent : « Je suis amour. » Pour eux, l'amour est une expérience constante. Dans un tel amour, la notion du « moi » et du « toi » disparaît, si bien que le mot amour n'est plus emprisonné entre les deux. Il n'y a plus que l'amour.

Les rishis, sages de l'Inde ancienne, Aristote, Platon, Homère avec l'Iliade et l'Odyssée ont offert à l'humanité une œuvre immense et une énorme contribution donnant ainsi l'exemple des hauteurs inimaginables qu'un être humain peut atteindre en une vie et de ce qu'il peut accomplir ! C'est qu'ils avaient découvert en eux-mêmes la source d'énergie pure que l'on appelle l'amour universel (*agape* en grec ancien). Cette source d'amour inconditionnel est le secret de l'énergie inépuisable d'Amma et de sa réussite.

Vijay Bhatkar, le savant qui a développé les superordinateurs en Inde, a déclaré : « C'est Amma qui m'a inspiré quand j'ai entrepris de construire des superordinateurs. Amma insiste non seulement sur l'importance du quotient intellectuel (QI), mais aussi sur celle du quotient émotionnel (QE) et du quotient spirituel

(QS). Elle crée ainsi un équilibre entre l'éducation scientifique, spirituelle et culturelle. Amma a fait revivre le langage de l'amour et de la compassion. Ce langage est universel et éternel, compréhensible par tous les êtres à toutes les époques. Tels qu'Amma les exprime, l'amour et la compassion prennent des dimensions surhumaines, inouïes. Il est courant que des parents et des enfants, de bons amis ou des amants s'embrassent, mais l'étreinte d'Amma est universelle, elle transcende les nationalités, les races, les langues, les religions, les générations ou les positions sociales.

Il y a quelques années, le célèbre linguiste de l'Institut de Technologie du Massachusetts, le professeur Noam Choamsky, a découvert qu'il existait dans le cerveau un centre de traitement du langage, qui permet la production *(Choamsky utilise la notion de « performance » au sens linguistique du mot, capacité à produire une structure linguistique qui fait sens)* de sens et l'apprentissage des langues. Ce centre est celui du seul métalangage, langage qui permet de parler de tous les langages. De la même façon, Amma a extrait le dénominateur commun de toutes les traditions linguistiques, le langage de l'amour et de la compassion. C'est grâce à ce langage universel qu'Amma communique avec tous les êtres, quelle que soit leur origine. Bien qu'elle ne parle que le malayalam, Amma réussit à communiquer avec tous ses enfants. Nous aussi réussissons parfois à communiquer avec elle, parfois grâce au silence. Voilà encore un apport unique d'Amma au monde. »

En 1998, quand il a inauguré AIMS (Institut Amrita de Sciences et de recherche Médicale), l'hôpital de pointe fondé par Amma, Sri Atal Bihari Vajpayee, alors premier ministre de l'Inde, a déclaré : « Le monde actuel a besoin d'exemples qui prouvent que nos valeurs humaines sont utiles, que des vertus telles que la compassion, l'abnégation, le renoncement et l'humilité ont le pouvoir de créer une société prospère et avancée. L'œuvre d'Amma nous apporte la preuve dont nous avons tant besoin. »

Je me rappelle une histoire que m'a racontée un des dévots d'Amma. On lui avait demandé de passer quelques jours à filmer des pauvres dans leur foyer avant qu'ils n'emménagent dans la maison neuve qu'Amma avait fait construire pour eux.

« C'était une femme dont je ne connais pas vraiment l'histoire : une veuve âgée ; les lobes de ses oreilles s'étaient allongés sous le poids de boucles d'oreilles qu'elle ne possédait plus depuis longtemps, les ayant sans nul doute vendues pour survivre.

Avant de monter dans la voiture, je jetai un regard en arrière et je fus émerveillé : dans la pure tradition de l'Inde ancienne cette femme âgée allumait au crépuscule une lampe à la porte d'entrée. Elle le faisait en tâtonnant, car elle était aveugle : une femme aveugle allumait une lampe pour les voyants. »

« Je suis Amour, je suis la Lumière divine sous une forme humaine » : cette connaissance est une source inépuisable d'énergie. Tous les soi-disant succès ne sont en réalité que des échecs si nous ne parvenons pas à donner un bon exemple aux générations à venir. Notre nom sera inscrit dans les annales de l'histoire, mais nul n'admirera et ne respectera nos pensées et nos actions. Donc, outre l'acquisition de connaissances, de richesses extérieures et de la santé physique, tous les dirigeants devraient aspirer à la connaissance, à la santé et à la richesse intérieures. Pour que le développement et le succès soient réels et restent gravés dans la mémoire de l'humanité, il est essentiel d'équilibrer ces trois facteurs. J'espère sincèrement que mes efforts pour retracer et partager à travers cet ouvrage la vie et l'œuvre tellement inspirante d'Amma seront bénéfiques au lecteur et éveilleront en lui la forte envie de s'inspirer de son exemple, au moins dans une certaine mesure.

Je voudrais exprimer ma profonde gratitude et mes sincères remerciements à Sneha (Karen Moawad) pour son aide dévouée dans la correction de ce livre, à Swami Paramatmananda qui a fait la mise en page du texte, et à Aloke Pillai (Toronto), un jeune artiste de talent qui a merveilleusement réussi le design de la couverture.

Swami Amritaswarupananda
Mata Amritanandamayi Math
Amritapuri - Kérala, Inde

CHAPITRE UN

Management et valeurs éternelles

Dans le monde actuel, les mots « gestion » ou « gouvernance » sont associés à la gestion d'une entreprise ou au pouvoir politique. En fait, gérer signifie administrer des ressources, des finances, des priorités et du temps. Dans le domaine des affaires, tout se réduit au profit, à ce qui augmente le compte en banque.

On considère généralement que le management et la capacité à diriger concernent uniquement certains domaines de la vie mais en réalité, ils font partie de notre vie quotidienne. Les principes de gestion jouent forcément un rôle, que l'on se trouve dans la boutique de thé du village ou dans un hôtel cinq étoiles, dans une hutte en feuilles de cocotier tressées ou dans une demeure princière. A notre époque, un même toit abrite aussi bien une famille nucléaire que des amis en colocation ou une seule personne. Néanmoins, la gouvernance et le management y jouent un rôle vital. Il existe des gérants et des gouvernants dans un foyer, tout comme dans une entreprise.

La technologie a changé notre manière de vivre et est en train de créer un large fossé entre les générations. Bien des foyers ont été transformés en bureaux par la technologie. On valorise essentiellement le savoir-faire technologique et l'analyse logique, surtout parmi les jeunes.

Les parents ont peut-être le pouvoir de décider au bureau, mais à la maison, ce sont les enfants qui décident, parce qu'ils sont plus aptes que leurs parents à maîtriser les informations numériques. Non seulement ils sont doués pour recueillir des informations, mais ils excellent dans la mise à jour des systèmes et de l'information. Quand les parents tentent de s'y mettre, c'est le conflit. Sur nos marchés, c'est une véritable inondation de produits. Tous les ans, voire tous les six mois, apparaît un nouveau modèle de téléphone portable, d'ordinateur portable, d'iPad, de tablette, de voiture, de moto, etc. En fait, c'est une source de stress parce que les gens ont « besoin » pour être heureux de quantité de ces nouveaux gadgets. Et ce n'est pas être pessimiste de dire qu'ils ont perdu le contrôle de leurs désirs.

Nous sentons bien le dérèglement de nos désirs, mais nous ne voulons pas changer nos vieux schémas, nos habitudes profondément ancrées. Et pourtant, de simples aménagements dans notre vie et nos points de vue peuvent apporter des changements miraculeux. Encore faut-il avoir la volonté de les mettre en œuvre.

On peut y voir à l'œuvre l'ancien concept de « *maya* », l'illusion. La définition de *maya*, c'est que rien n'est réel ni irréel. *Maya* existe à l'intérieur et à l'extérieur. A l'intérieur, elle existe sous la forme de pensées, et à l'extérieur sous la forme d'objets. Et nous, nous sommes sans cesse ballottés par les vagues qui surgissent entre ces deux mondes, intérieur et extérieur.

Les objets vont et viennent dans un flux perpétuel. Les gens attendent de jeter les anciens modèles et de s'offrir les nouveaux. Confrontés à des choix innombrables, ils vivent dans la confusion. Ces désirs conflictuels affectent aussi bien les relations familiales que professionnelles. Examinons de plus près la définition de *maya* et l'état actuel de l'humanité. Observons le comportement des gens qui nous entourent. Victimes faciles de la fascination engendrée par la technologie, ne sommes nous pas pris au piège d'un monde d'illusion ?

Partout, même dans les villages, les gens font plus attention à leur santé. Nous les voyons le matin se promener ou faire du jogging. Dans les villes, plus de 60% des habitants font partie d'un club de gymnastique. Et pourtant, le nombre des malades mentaux, de personnes qui souffrent d'hypertension, ou de diabète alors qu'elles sont encore jeunes, de problèmes cardiaques, etc., augmente rapidement. Pourquoi ? La réponse est simple : les gens ont moins de moments de repos. Ils passent plus de temps à ruminer, à angoisser, à désirer des objets et à convoiter ce que d'autres possèdent. Le signe d'une bonne santé mentale, c'est l'absence de pensées qui dérangent et d'émotions qui perturbent notre équilibre intérieur.

Dans une vie humaine, les lois établies par les hommes et les mystères éternels de l'univers, c'est-à-dire la loi de ce qui est au-delà du connu, revêtent une importance égale. Le poids des habitudes et des schémas comportementaux nous fait perdre la conscience de cet équilibre. Peu importe que nous soyons pauvre, riche, savant ou illettré, PDG d'une multinationale ou propriétaire d'une petite entreprise ou bien encore agriculteur, la connaissance de ces deux aspects et le respect de leur équilibre dans toutes nos actions est un facteur clé.

La vie est le plus grand de tous les jeux. C'est la faculté de conserver un équilibre parfait entre les lois humaines et la loi du *dharma* qui détermine si nous allons réussir, trouver le bonheur et la paix intérieure. Avec le discernement requis, nous voyons bien que le but final n'est pas simplement de gagner ce jeu. La véritable victoire consiste à le gagner avec noblesse.

Il est dangereux d'accorder trop de réalité et d'importance à l'un ou à l'autre. Mieux vaut suivre la voie du milieu, ni d'un côté ni de l'autre. Si nous restons au milieu, au centre, nous aurons une bonne vision de la situation, tandis que si nous penchons d'un côté, nous n'aurons qu'une vue partielle des choses.

C'est là que la spiritualité, l'introspection, la méditation et une attitude faite de bonté et de compassion peuvent nous ouvrir

un monde entièrement nouveau. Laissez-moi donc suggérer une formule :
1) Livrez-vous quotidiennement à l'introspection. 2) Repérez vos faiblesses et vos limites, 3) Surmontez-les 4) Remplacez les pensées négatives par des pensées positives. Notre vision des choses ne change que quand nous prenons conscience de nos faiblesses et les dépassons.

Les gouvernements et les multinationales ont réussi à élever le niveau de confort et de bien-être de tous. Le progrès économique semble se propager. C'est du moins l'impression créée. Mais alors, si tel est le cas, pourquoi y a-t-il tant de frustration et de malheur ? Pourquoi les troubles bipolaires se multiplient-ils à une vitesse aussi alarmante ? Pourquoi le taux de suicides dans le monde a-t-il augmenté ? Pourquoi les conflits, la violence, la guerre, la haine et l'égoïsme vont-ils en s'amplifiant ? Il semble bien que nous ayons essayé tous les pouvoirs possibles et imaginables (économique, militaire, intellectuel, scientifique et technologique) pour n'obtenir que peu ou pas de résultat positif.

Dans nos sociétés, le progrès scientifique et technologique s'accompagne d'une désintégration psychique. L'esprit doit lui aussi progresser, parallèlement à ces évolutions. Faute de quoi, la science et la technologie deviendront des chaînes et n'aboutiront en définitive qu'à la souffrance.

Les parents, les enseignants et tous ceux qui peuvent influencer les esprits tendres et impressionnables devraient posséder la maturité nécessaire pour corriger la vision de nos enfants. Ils auront à l'avenir des responsabilités à assumer : ils seront des époux, des épouses, des grands-parents, des managers, des professionnels, des hommes politiques etc. Nous en sommes tous parfaitement conscients. De même que nous les encourageons dans leurs études, enseignons-leur à gérer leurs désirs, leur mental, ainsi que leurs actions et leurs réactions. Éduquons-les à ne pas laisser leurs désirs dégénérer en avidité. Prévenons-les que l'avidité ou la haine profonde constituent des menaces sérieuses pour la paix intérieure et la joie. Enseignons-leur la valeur de l'honnêteté, de la loyauté, de la compassion, de l'amour, de la sollicitude et du partage. Mais le plus important, c'est que les parents aient conscience qu'il ne suffit pas de discipliner un enfant et que, même s'ils ne sont pas parfaits, ils montrent l'exemple et fassent preuve de ces vertus dans leur vie quotidienne.

Mais c'est un tout autre message que les jeunes reçoivent en observant le comportement de leurs aînés : profiter des autres mène à la réussite. Ils assimilent l'idée fausse que tous les moyens sont bons pour arriver à leurs fins, et qu'ils sont libres de tromper, mentir, duper autrui. Par leur exemple, les adultes enseignent aux enfants à effacer leurs traces et à prendre toutes les précautions utiles pour ne pas se faire prendre. Ils en déduisent que plus ils rusent, plus ils réussiront dans la vie. La société nous enseigne également qu'être plein d'amour et de compassion est un signe de faiblesse.

Dans le monde actuel, les gens, particulièrement les jeunes, considèrent que les principes spirituels, les valeurs éternelles, sont superflues. Mais si nous observons de près notre vie quotidienne, nous appliquons tous ces valeurs dans nos interactions avec les situations et les gens. Nous n'appelons pas cela spiritualité, voilà tout. Si par exemple vous écoutez attentivement les problèmes de quelqu'un ou sympathisez sincèrement avec lui, vous pratiquez la spiritualité. Vous témoignez de la compassion à un mendiant ou à quelqu'un qui est dans le besoin : la spiritualité n'est pas autre chose. Lorsque vous vous souciez du bien-être de vos employés, ou quand votre cœur fond devant un orphelin, c'est sans nul doute de la spiritualité. Mais appelons-nous cela « spiritualité » ? Non. Nous qualifions cela de normal, n'est-ce pas ? Oui, la spiritualité nous enseigne à être des humains ordinaires, à vivre comme des êtres humains normaux.

Malheureusement, de nos jours, un étudiant qui sort d'une université telle que Harvard, Princeton, Yale, MIT ou pour l'Inde d'IIT ou d'IIM, est convaincu que le but de la vie est *kama* (une belle voiture, une grande maison, un grand écran chez soi, le dernier smart phone, etc.) Pour satisfaire ces désirs, il est nécessaire d'avoir de l'argent et de réussir. Alors on gagne de l'argent et on réussit par tous les moyens, en affirmant que cela est conforme au *dharma* (ce qui est juste). On accepte par exemple un pot-de-vin en déclarant que cela n'est pas contraire au *dharma* parce que le salaire est bas et que tout le monde le fait.

En conséquence, la vraie liberté, qui est absence de tension, de stress et de toutes sortes de pensées négatives et destructrices, est inexistante, tout comme la relation de cause à effet entre les désirs, l'argent, la droiture et la liberté ; tout est sens dessus dessous.

Dans de nombreuses villes du monde, on dit que pour mener une vie confortable et jouir d'un statut social élevé, il faut posséder les cinq Cs : de l'argent liquide (*cash*), une voiture (*car*), une carte de crédit, un appartement (*condominium*) et une carte de membre d'un club. Mais nous oublions le sixième C, le crematorium, celui qui nous accueillera sans faillir. Que nous réussissions ou non à obtenir les cinq autres, le sixième viendra à nous, quel que soit notre pays, notre nationalité, notre pouvoir et notre statut social. Il n'y aura pas d'avertissement préalable. Nous seront emportés, ainsi que tout ce que nous appelions « nôtre ».

Vous penserez peut-être que ce discours sur la mort et la crémation est déplacé dans ce contexte, mais je ne suis pas d'accord. Que nous croyions ou pas à la théorie de la réincarnation, la mort est importante car c'est un événement majeur dans notre vie. Nous sommes si occupés à gérer notre vie, nos affaires et tous les facteurs nécessaires pour « gagner » que nous en oublions souvent la mort, l'échec absolu de l'ego, qui peut nous saisir à tout instant. Rien ne peut l'arrêter. Il est donc important de penser à la mort parce que cette réalité nous rend humble. Et l'humilité est une qualité essentielle pour ceux qui désirent gagner et réussir.

Nous vivons dans le monde des e- : e-learning, e-book, e-gouvernement, e-commerce, e-business, e-bibliothèques, e-centre de seva, e-banque etc. La liste est sans fin. Gardons tous ces E puisqu'ils sont utiles à la société mais évitons complètement un autre E, dangereux celui-là : l'Ego. Ce « E » là devrait disparaître tout de go (*go en anglais signifie ici partir*). Gardons-le au moins sous contrôle. N'autorisons pas l'ego à entrer et à intervenir sans notre permission. Si vous avez le sentiment que c'est nécessaire, laissez-le entrer et une fois qu'il a rempli sa fonction, montrez-lui la sortie.

Pour des êtres humains ordinaires comme nous, vivant dans un monde de tension et de concurrence implacable, il n'est pas facile d'atteindre les objectifs que l'on s'est fixés. Faites une pause et réfléchissez : « Quels sont les buts auxquels je veux réellement parvenir ? Sont-ils bien mes priorités dans la vie que je mène ? De quoi avons-nous vraiment besoin pour vivre ? La notoriété, le pouvoir, le statut social et les richesses, sont-ils suffisants ? Le bonheur et l'amour ne sont-ils pas des aspects tout aussi indispensables de la vie ? »

Réussir, dit-on, est un but important de la vie de chacun ; réussir se résume en fait à être heureux. Bien des gens courent après l'argent pour acheter le bonheur. Mais à intervalles réguliers, pourquoi ne pas vous poser les questions suivantes ?

1) Est-ce que mon bonheur intérieur augmente ou diminue ?

2 Ai-je en moi de l'amour et suis-je capable de l'exprimer sincèrement ?

Si votre réponse à ces questions est « oui », alors votre vie prend le chemin du succès. Si la réponse est « non », alors vous ne faites que gagner de l'argent. Un vrai dirigeant ne peut pas considérer les gains financiers comme le seul indice de réussite et négliger de prendre en compte l'amour et le bonheur. En définitive, un bon leader devrait contribuer à rendre les gens heureux. Un responsable malheureux, dépourvu d'amour, ne peut apporter aux autres que de la souffrance.

« Le bonheur n'est pas une chose qui arrive, il n'est pas le fruit de la chance ou du hasard. Le bonheur ne s'achète pas, il ne se commande pas. Il ne dépend pas des circonstances extérieures, mais de la façon dont nous les interprétons. En réalité, le bonheur se prépare, se cultive, et se défend ; tout cela est l'affaire privée de chacun, » comme l'explique le psychologue hongrois Mihaly Csikszentmihalyi, connu pour ses travaux de recherche sur le bonheur et la créativité et surtout comme l'inventeur de la notion de « flux » qui désigne un état de concentration élevée et d'absorption dans des activités telles que l'art, le jeu et le travail.

Développer son entreprise, ouvrir des filiales dans le monde entier et réaliser des bénéfices sont sans doute choses désirables. Mais il faut en outre mettre son esprit et son cœur sur la longueur d'onde des lois éternelles de l'univers, ce qui est essentiel pour créer un changement positif dans l'attitude des êtres humains. Grâce à ce changement, la part de bonheur et de paix en chacun de nous augmentera, ce qui rejaillira aussi sur les générations à venir.

Tout le progrès matériel et les profits que nous réalisons n'ont aucun sens s'il n'est plus possible à deux individus de vivre dans une atmosphère heureuse et aimante. Observez un couple qui vit sous le même toit lors d'une prise de bec. Quel monde est-ce là ? Comment l'humanité peut-elle mener une vie aussi superficielle ?

Nous avons eu des gurus en management fort habiles, des génies scientifiques, de grands penseurs, des écrivains et des magiciens politiques, mais à quoi bon tout cela si nous n'avons pas la capacité et la volonté de gérer notre monde intérieur, notre mental et nos émotions ? Si nous ne parvenons pas à trouver un équilibre entre la tête et le cœur, entre l'avidité qui nous pousse à amasser des richesses et le désir d'être heureux ?

Il est évident que nous avons besoin de modèles, d'exemples à suivre pour un changement de valeurs dans le monde. Nous ne pouvons plus grand-chose pour la génération précédente. La génération actuelle est intelligente et astucieuse mais elle a déjà intégré des schémas de comportement. Mais une source d'inspiration authentique peut avoir un impact sur la nouvelle génération. Des décisions ont été prises et des perspectives tracées ; mais la génération qui grandit porte en elle un immense potentiel. Un être capable d'inspirer les jeunes peut avoir une influence bénéfique et transformer la génération montante.

Mata Amritanandamayi Dévi ou Amma, comme on l'appelle affectueusement dans le monde entier, est un guide spirituel qui dirige un réseau d'œuvres humanitaires. Sa compassion est exceptionnelle. Ce livre expose son approche du management, qui se fonde sur une sagesse ancienne. Il décrit la vision qu'Amma a de la vie, à partir d'un niveau de conscience différent, et comment elle gère les situations et les ressources, prend des décisions et inspire d'autres personnes par son exemple.

Depuis 1993, Amma est de plus en plus reconnue par la communauté internationale comme une source précieuse de sagesse spirituelle et pratique, apte à guider le monde vers un futur meilleur, plus lumineux.

Nous avons grand besoin de maîtres capables d'enseigner par l'exemple, qui soient par nature des gestionnaires, des scientifiques, des artistes et des politiques honnêtes. La lumière qu'ils répandent répond sans nul doute au besoin de notre époque.

Bien qu'elle ne soit allée que quatre ans à l'école, Amma a fondé un vaste réseau d'activités caritatives dont elle est le guide, l'inspiratrice et le catalyseur ; ce réseau inclut les soins de santé et des établissements d'éducation primaire, secondaire et supérieure. La manière dont elle accueille les gens n'appartient qu'à elle. Lors de ce que l'on appelle le *darshan*, elle prend chacun dans ses bras et lui permet ainsi de recevoir la puissance transformatrice de l'amour, la joie de donner, ainsi que la sollicitude et la compassion. Le *darshan* d'Amma est l'étreinte d'une mère aimante. Amma était encore adolescente quand elle commença ainsi dans son village à réconforter ceux qui souffraient, malades ou trop âgés, et dont personne ne s'occupait. Amma se rend disponible pour toute personne souhaitant recevoir son étreinte chaleureuse. Elle ne refuse jamais personne. Heure après heure, jour après jour, année après année, voilà maintenant plus de quarante ans qu'elle étreint tous ceux qui viennent à elle. Hommes ou femmes, malades ou bien-portants, riches ou pauvres, jeunes ou vieux, quelle que soit leur confession ou leur caste, tous la considèrent comme leur propre Mère. Amma parcourt maintenant l'Inde et tous les continents. Partout où elle va, elle donne le *darshan* à tous ceux qui le souhaitent.

En Inde, il est arrivé qu'Amma étreigne plus de dix mille personnes par jour et reste assise plus de vingt-cinq heures d'affilée. Au cours des quarante années écoulées, elle a embrassé plus de trente-trois millions de personnes ! Chaque *darshan* est une expérience nouvelle car Amma reste toujours fraîche, toujours spontanée. Elle nous écoute, nous prend dans ses bras et nous murmure un ou deux mots à l'oreille. Elle sait exactement ce dont nous avons besoin à cet instant.

S'attardant à l'un, accordant un regard à l'autre, elle induit une transformation. Des milliers de témoignages en sont la preuve.

Amma déclare : « Ma religion, c'est l'amour. » Les journalistes lui demandent : « Pourquoi étreignez-vous les gens ? » Amma répond avec patience : « C'est comme si on demandait à une rivière pourquoi elle coule. Il ne peut en être autrement. » À la question : « Vous étreignez les gens pendant des heures. Qui vous prend dans ses bras ? » Amma répond : « La création toute entière m'embrasse ; nous sommes dans une étreinte éternelle. » Les médias, en voyant les foules qui se pressent pour recevoir son étreinte emblématique, demandent parfois : « Est-ce que tous ces gens vous vénèrent ? » Ce à quoi Amma répond : « Non, c'est moi qui les vénère. »

Amma affirme : « L'amour vrai transcende les barrières ; il transforme et il est universel. » Ces principes, très simples, mis en pratique, constituent le fondement de la vie d'Amma. Mais l'impact est profond. Sa vie témoigne de la véracité du proverbe : « L'amour triomphe de tout. » Elle a transformé le cœur de millions de gens sur la planète. Sa vie, c'est l'histoire du succès ultime : la preuve vivante qu'il est possible de transcender toutes les barrières et tous les obstacles entre les sexes, les religions, les langues, les castes, les classes sociales et les niveaux d'éducation pour apporter l'équilibre et l'harmonie au sein de l'humanité.

« Les valeurs que sont l'amour, la compassion, la sollicitude, l'honnêteté, la droiture, l'humilité et le pardon sont aujourd'hui presque devenues langue morte, dit Amma. Heureusement, elles ne sont pas perdues mais simplement oubliées. Comme un miroir recouvert de poussière, elles demeurent présentes au fond de nous, mais voilées.

Passons le chiffon sur cette poussière intérieure et nous redécouvrirons le miroir de la compassion, notre nature réelle. En fait, nos parents nous inculquent nombre de ces valeurs pendant notre enfance. Dans presque tous les foyers, on entend les parents dire à leurs enfants : « Ne mens pas, dis toujours la vérité. Sois équitable envers ton frère ou ta sœur. Ne prends pas ce i-Pad, il est à ton frère ou à ta sœur. Sois honnête… »

Les idées, les points de vue et les qualités particulières d'un dirigeant exposés dans ce livre ne seront peut-être pas au goût d'une organisation totalement centrée sur le profit. La méthode d'Amma est peut-être inimitable, mais elle demeure sans nul doute un modèle magnifique, une source inépuisable d'inspiration. Les principes énoncés dans ce livre peuvent constituer de puissants outils pour gérer aussi bien le monde extérieur que le monde intérieur, à condition que le lecteur soit prêt à en étudier les exemples et à en adopter le mode de management

CHAPITRE DEUX

Le modèle du miroir

Voici un article paru dans le *New York Times*, édition du 25 mai 2013 :

« En vérité, Amma a créé et dynamisé toute une organisation qui bien souvent comble les vides laissés par le gouvernement. Quand un tsunami a dévasté une partie de l'Inde du Sud fin 2004, il a fallu cinq jours au gouvernement de l'état du Kérala pour annoncer ce qu'il allait faire pour aider les victimes. Amma en revanche a commencé son action en quelques heures, offrant de la nourriture et un abri à des milliers de personnes. Dans les années qui suivirent, son organisation affirme avoir construit plus de six mille maisons pour les victimes. Elle a mis sur pied toute une organisation qui fait l'envie en Inde aussi bien du secteur privé que public. On dit qu'elle a créé un lieu où tout, des interrupteurs au recyclage, fonctionne correctement et qu'en Inde, c'est peut-être le plus grand de tous les miracles. »

Le *Khaleej Times*, un des plus grands quotidiens de Dubai, UAE (Emirats Arabes Unis) a fait paraître le 9 décembre 2011 l'article suivant :

« Quatre années d'instruction primaire, et c'est elle qui renverse le mouvement de la fuite des cerveaux. »

« L'appel que le Premier Ministre, Dr Manmohan Singh, a adressé aux savants indiens vivant à l'étranger pour qu'ils reviennent dans leur pays et l'aident à rejoindre la ligue des pays développés n'a pas donné grand résultat, malgré les nombreuses mesures incitatives. En revanche, une femme qui n'a passé que quatre ans sur les bancs de l'école réussit à faire rentrer au pays quelques uns des cerveaux les plus brillants. Le catalyseur tant espéré du renversement de la fuite des cerveaux est Mata Amritanandamayi, une des figures spirituelles majeures de l'Inde. Sa notoriété actuelle n'a pu s'établir qu'en brisant les multiples barrières entre les castes, les classes sociales et économiques, les niveaux d'éducation, etc.

Ce n'est pas en leur offrant d'énormes sommes d'argent qu'Amritanandamayi, que l'on appelle populairement Amma, a attiré des sommités du monde scientifique, mais en leur insufflant l'amour du service. »

Comment s'y prend-elle ? Quels sont ses principaux outils ? Les techniques qu'elle emploie ne sont pas nouvelles. Ce sont les instruments très anciens de l'amour, de la compassion, de l'écoute et de la patience. Amma est une experte dans la pratique de ces vertus. Les bienfaits qui en résultent incluent la paix, le bonheur et le contentement, ainsi que la prospérité matérielle. J'ai appelé cette méthodologie unique « le modèle du miroir. »

1. Méditation : trouver le lieu du silence intérieur, le manifester à travers nos actions en écoutant sincèrement les problèmes et les questions des membres de l'équipe et en leur donnant des conseils et des instructions sans perdre notre clarté, notre patience et notre équanimité.

Cela ne signifie pas qu'il faille rester assis en *samadhi* (extase) 24 heures par jour ; il s'agit plutôt de la faculté de lâcher prise, de garder une certaine distance vis-à-vis de la foule des gens et des pensées pour se livrer à la contemplation jusqu'à ce que la coquille qui recouvre la solution se brise. Pour illustrer cette idée, je choisirais l'exemple de la mère poule qui couve ses œufs jusqu'à ce qu'ils éclosent et que les poussins naissent.

Amma dit : « Avec tout ce qui arrive dans le monde d'aujourd'hui, la seule manière de rester sain d'esprit est d'intégrer la méditation dans notre vie quotidienne. Nos professionnels ont encore à apprendre les merveilleux bienfaits que peut leur apporter la méditation. Nous possédons la clé d'un monde intérieur merveilleux mais ce trésor reste fermé et inexploré car hélas, personne ne veut prendre la peine de l'ouvrir ! Nos pensées, nos émotions négatives construisent d'énormes barrières entre nous et cette richesse intérieure, si bien que nous n'en voyons pas l'éclat. C'est comme si nous étions devant une fleur céleste, sans la voir. »

Lorsqu'on maîtrise la méditation, l'esprit est aussi stable que la flamme d'une lampe placée à l'abri du vent.

Bhagavad Gita, Chapitre 6-19

2. **Intuition** : une fois que nous avons trouvé le silence intérieur grâce à la méditation, ce n'est plus le mental avec ses pensées conflictuelles qui nous guide ; nous développons une autre faculté, un mental intuitif qui nous permet de prendre les décisions justes, au moment juste, en ayant une juste compréhension des choses.

En dépit de tous les progrès de la science et de la technologie, en dépit des équipements sophistiqués dont nous disposons, il y a des moments où ni le mental ni l'intellect ne peuvent nous fournir les réponses que nous cherchons.

Il arrive souvent que les cerveaux les plus brillants soient paralysés et ne puissent plus avancer. Nous avons fourni l'effort maximum, nous avons fait tout notre possible, et maintenant nous sommes au point mort. C'est alors que nous avons besoin de l'aide de l'intuition, une faculté qui nous relie à cette source de connaissance que nous ignorons.

« Être intuitif, dit Amma, c'est être spontané. Le premier pas vers la spontanéité, c'est l'effort et le labeur. Le second, c'est le lâcher prise, l'oubli de tout ce que l'on a fait, pour demeurer dans le présent, dans un état de repos intérieur. De cette tranquillité émerge la troisième étape, c'est alors que le mental intuitif se met à fonctionner. »

Steve Jobs (*1955-2011, il fut le PDG de la société Apple qui fleurit sous sa direction*), une sommité de notre époque, a dit : « Le temps dont nous disposons est limité alors ne le perdons pas à vivre la vie de quelqu'un d'autre. Ne soyons pas prisonniers de dogmes, fruits de la pensée d'autrui. Ne laissez pas le bruit des opinions d'autrui noyer votre voix intérieure. Et ce qui est encore plus important : ayez le courage de suivre votre cœur et votre intuition. »

3. Répondre au lieu de Réagir : répondre et réagir sont deux manières différentes de considérer la même situation, la même personne. Répondre correspond à un état naturel et détendu du mental. C'est plus qu'une ouverture, c'est une éclosion. Une personne capable de répondre est dotée d'une meilleure compréhension, qui lui permet d'envisager les situations sans jugement, de tracer de nouvelles voies de connaissance. Lorsque nous nous sommes en état de répondre à une situation, nous voyons ce qui demeure caché aux autres. Notre approche dépourvue de préjugés nous permet de prendre des décisions plus justes. Cette attitude a un effet bénéfique sur notre productivité. En réalité, *response-ability* est la capacité (*ability* en anglais) de répondre.

Inversement, dans la réaction, le mental souffre d'un certain déséquilibre. Un rien peut le fâcher ou l'agiter. Une telle personne est toujours au bord de l'explosion. Et surtout, comme un tel esprit perd souvent son calme, les décisions prises ne sont pas adéquates.

En fait, en réagissant, nous préparons la victoire de notre concurrent, car le fait de réagir nous rend vulnérable. Répondre à la situation est en revanche la marque d'un psychisme fort, de quelqu'un qui a une meilleure maîtrise de ses émotions.

Si la situation l'exige, la réponse autorise la colère à faire surface, mais en conscience, sans tomber sous l'emprise de l'émotion. La réaction au contraire permet à la colère de triompher de nous, si bien que nous n'avons plus dans nos actions la vigilance et la conscience nécessaires.

Nous percevons généralement les gens, les situations et les objets à la lumière de nos expériences passées. Nous ne pouvons pas nous empêcher de juger. C'est inconscient, c'est une seconde nature. Ce que nous ne parvenons pas à comprendre, c'est qu'en autorisant notre passé à juger, nous réagissons au lieu de répondre. La réaction vient du passé ; la réponse est dans le présent.

Comment percevons-nous nos parents, les membres de notre famille ou nos collègues ? Selon notre vécu, n'est-ce pas ? Nous avons recueilli dans le passé trop d'impressions à leur sujet. Ces vieux schémas sont comme un voile de fumée, qui nous empêche de poser à chaque instant un regard neuf sur ces êtres. Néanmoins, si nous y réfléchissons, ne serait-il pas juste de dire que nous renaissons sans cesse ? Certaines choses meurent en nous tandis que d'autres naissent.

Cet aspect toujours nouveau de la vie nous échappe quand nous regardons autrui à travers les lunettes du passé et pourtant, n'est-il pas précieux ? Ne faisons-nous pas une grave perte en passant à côté ? Pour résumer, la grande majorité d'entre nous pensent répondre mais ne font en réalité que réagir parce que nous regardons les situations et les êtres par la fenêtre du magasin des souvenirs. Ainsi, les réactions sont fréquentes et les réponses rares.

Thomas Paine (*1737-1802, anglais et américain. Il participa au mouvement des Lumières, fut un partisan des droits de l'Homme et un admirateur de la révolution française. Il vécut en France pendant une grande partie de la révolution et fut élu membre de la Convention alors même qu'il ignorait le français. Ami des Girondins, il faillit être exécuté pendant la terreur.*) écrivain révolutionnaire et radical, inventeur et intellectuel, fut un des pères fondateurs des Etats-Unis. Quand on lui demanda comment gérer la colère, il répondit : « Le meilleur remède à la colère, c'est de retarder son explosion. »

Amma suggère : « Quand quelqu'un vous critique, dites lui au moins : « Marquons une pause, laissez-moi digérer et je reviendrai vous voir dans quelques heures. Si ce que vous avez dit est vrai, je l'accepterai. Sinon, je vous le rendrai. » Vous découvrirez probablement que l'autre personne avait raison et que vous aviez tort, parce que vous étiez sur un mode réactif et qu'elle était plus calme, capable de prendre de la distance et de rester témoin. »

Chaque trouble émotionnel apparaît avec une certaine fréquence, une certaine intensité et exige un certain temps de récupération. Lorsque notre niveau de conscience et d'attention s'améliore, la fréquence de ces troubles diminue et à force de travailler sur la vigilance, le temps nécessaire pour revenir à la normale décroît lui-aussi.

Cette attention consciente nous permettra finalement de toujours garder notre calme, notre entrain et notre confiance en nous. A mesure que notre faculté de revenir au calme se renforce, le processus de la pensée s'aiguise et nos décisions gagnent en justesse.

4. **Unité :** un sentiment d'unité entre l'employeur et l'employé. Pour cela, les facteurs essentiels sont un lien tissé par l'amour et la capacité d'écouter. Ces deux facteurs, « l'amour et l'écoute », sont inséparables. Un cœur aimant écoute. S'ils se sentent écoutés, les membres de l'équipe gagnent en force et en confiance. Ils s'ouvrent, font confiance et n'accomplissent pas leur devoir uniquement pour gagner leur vie et obtenir une promotion, mais avec un dévouement sincère. Dans un tel climat de confiance, les membres de l'équipe coopèrent et synchronisent leurs activités. Toute l'équipe travaille ensemble dans la compréhension mutuelle, pour atteindre les buts fixés.

Amma dit : « Dieu n'est pas un individu assis dans les cieux sur un trône doré en train de rendre la justice. Dieu est pure Conscience, omniprésente, c'est notre nature réelle. Donc, en essence, nous sommes tous un. C'est la même électricité qui fait fonctionner une ampoule, un ventilateur, un réfrigérateur, une télévision et d'autres gadgets électroniques. C'est aussi la même vie qui relie tous les êtres.

Quand la main gauche a mal, la main droite automatiquement la caresse et la console, parce qu'elles font toutes deux parties d'un tout, notre corps. De même, nous ne sommes pas des entités déconnectées les unes des autres et vivant dans un monde isolé. Nous faisons tous partie d'une chaîne universelle.

Comme le célèbre physicien Fritjof Capra l'a indiqué dans son livre *Le tournant*, « La théorie quantique révèle l'unité fondamentale de l'univers. Elle montre qu'il est impossible de décomposer le monde en minuscules unités indépendantes. »

5. Déférence : Il ne s'agit pas ici du respect issu de la peur mais de la déférence née de l'amour. Les employés ont donc à la fois du respect et de l'amour pour leur employeur. Cette déférence crée une ambiance de travail relativement dépourvue de frictions pour tous.

Amma dit : « Il est important d'accorder dans le cursus scolaire une place à l'enseignement de la culture, à la transmission de notre héritage et des valeurs, afin de préserver la diversité que la mondialisation nous fait perdre. Outre des matières telles que l'arithmétique et les langues, l'enseignement de valeurs comme l'amour, la compassion et le respect de la nature devrait faire partie du cycle de base. Lorsque nous abordons les autres avec respect, compréhension et ouverture, alors nous sommes capables de communiquer au niveau du cœur. »

Etant donné qu'une seule et unique Conscience divine est présente en tout, une attitude révérencieuse nous permettra d'atteindre un plan supérieur d'énergie pure.

Dans le modèle du miroir, c'est le zèle du dirigeant qui inspire l'équipe en donnant un exemple d'amour, de patience, de compassion, d'ouverture, de persévérance, de maîtrise parfaite des émotions, d'attitude amicale. Ainsi, le sentiment de « l'autre » est remplacé par un sentiment d' « unité ». « Je suis » fait place à « J'ai une dette envers le monde et mes frères humains », « C'est moi le patron, obéissez-moi » devient « Nous sommes tous ici pour servir, alors soyons humbles. »

La capacité extraordinaire d'Amma à écouter toutes sortes de problèmes et la facilité étonnante avec laquelle elle communique avec des gens de tous les horizons, venus du monde entier, sont légendaires. Partout, des dizaines de milliers de personnes viennent la voir. Quelle que soit la taille de la foule, Amma donne à tous une étreinte chaleureuse, sans distinction de sexe, d'âge, de statut ou de condition physique. Elle écoute patiemment ceux qui lui ouvrent leur cœur. Et le darshan ne se termine que quand elle a vu la dernière personne de la queue.

La santé de sa mère étant mauvaise, Amma dut interrompre ses études à l'âge de dix ans. A un âge si tendre, toutes les tâches ménagères reposaient sur ses épaules. Elle ne parle que le malayalam, sa langue maternelle. Mais elle communique aisément avec des gens de toutes nationalités et de toutes cultures, quelle que soit leur langue et sans aucun sentiment ni d'étrangeté ni d'altérité.

Chacun de nous a ses convictions au sujet de la vie, chacun a ses propres buts. Un voleur est convaincu que « vivre, c'est voler » ; pour quelqu'un qui aime l'argent, c'est « s'enrichir par tous les moyens », tandis que pour un joueur invétéré, « vivre, c'est jouer. »

Lors d'une conférence à Shanghai, qui s'est tenue le 29 décembre 2012 dans le cadre de l'Alliance des Civilisations des

Nations Unies, Amma a exprimé dans son discours la conviction suivante : « Selon mon expérience, le seul langage que les humains et tous les autres êtres vivants comprennent, c'est l'amour. Depuis quarante ans, je communique avec des gens de toutes les couleurs, de toutes les castes et de toutes les religions, des plus pauvres aux plus riches et aux plus célèbres grâce au langage de l'Amour. L'Amour ignore les barrières. J'ai une foi totale dans le pouvoir transformateur de l'Amour et en sa capacité à unir les cœurs. »

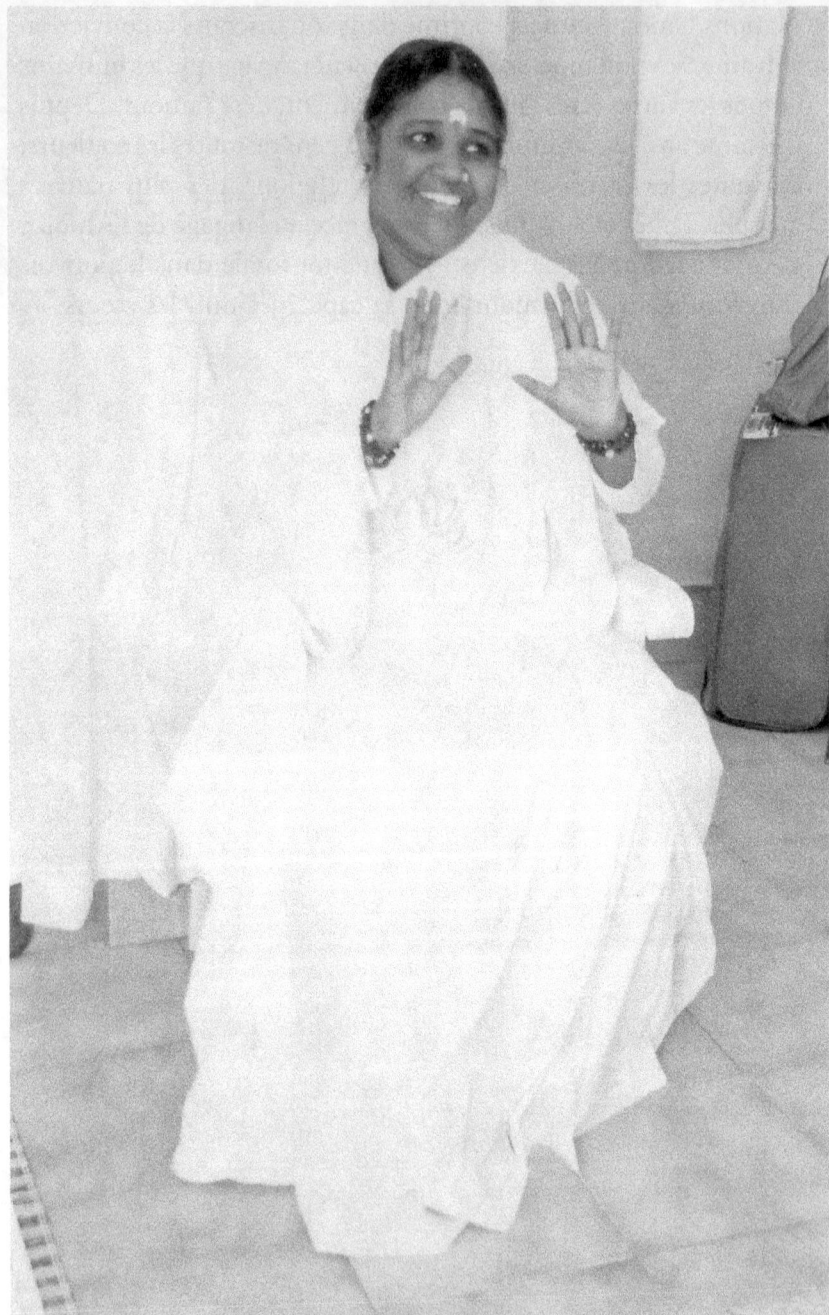

CHAPITRE TROIS

Quand le travail devient une fête

L ors d'un discours prononcé à New York à l'occasion du cinquantième anniversaire des Nations Unies, Amma a déclaré : « Ce monde est pareil à une fleur dont chaque nation constitue un pétale. Si un pétale est infesté, cela n'affecte-t-il pas les autres ? La maladie ne détruit-elle pas la vie et la beauté de la fleur ? Protéger et préserver la beauté et le parfum de la fleur du monde, empêcher leur destruction, n'est-ce pas le devoir de chacun d'entre nous ?

Dans le monde d'aujourd'hui, le mantra préféré de tous est « réussir ». En vérité, les êtres humains ont toujours recherché la même chose. Seuls les mots et les interprétations changent.

Selon les cultures, la définition de la réussite diffère. Pour la plupart des gens, il s'agit d'obtenir l'argent, le pouvoir et le plaisir, une philosophie proche de l'hédonisme.

Comme le conseille Siduri, un des personnages de l'Epopée de Gilgamesh (un texte de l'antique culture mésopotamienne) : « Remplis-toi le ventre, amuse-toi nuit et jour, que tes jours soient pleins de joie, danse et fais de la musique jour et nuit. C'est cela seul que doivent rechercher les humains. » D'autres formes d'hédonisme ont ensuite vu le jour : hédonisme éthique, chrétien, utilitarisme, épicurisme etc.

En Inde, il existe une philosophie hindoue hétérodoxe (*c'est-à-dire qui n'est pas en accord avec les Védas*), Charvaka, qui prône le matérialisme. Elle défend le point de vue suivant : « Une fois que le corps est devenu cendres, on ne revient pas sur terre ; donc mangez, buvez, amusez-vous et faites la fête. » Bien que les noms

diffèrent, ces philosophies sont toutes ancrées dans le matérialisme, elles recommandent de consacrer sa vie à la quête du plaisir.
Il n'y a entre elles qu'une distinction de degré. Une grande majorité
des habitants de la terre pratiquent aujourd'hui une philosophie
de ce style ; seule une minorité marginale fait exception.

Nos définitions, nos conceptions de la réussite, dans tous les
domaines, se résument en un mot : le matérialisme.

Nous croyons que notre vie est très longue, mais Amma dit
qu'en réalité, elle est très courte. Une vie humaine n'est qu'une
petite bulle dans l'infinité du temps. La vie est comme un sac
d'or qui nous est donné à la naissance, un merveilleux cadeau.
Mais dès que nous prenons notre première respiration, l'univers
collecte le temps. Et il ne s'arrête jamais. Il continue à le prélever
jusqu'à ce que nous fassions banqueroute, et c'est alors que nous
recevons la visite de la Mort. Vivons donc pleinement notre vie.

J'ai lu récemment un éditorial dans un journal qui représente le courant de pensée dominant. L'auteur, conseiller en
management de renom, écrivait : « L'avidité est en soi une bonne
chose, car elle donne aux gens une raison de se réveiller le matin,
d'aller travailler et d'essayer de réussir. C'est quand ils dépassent
les limites et en viennent à commettre des actions immorales et
criminelles, au lieu de faire le bien, que l'avidité devient néfaste. »

Khaled Hosseini, actuellement Ambassadeur de bonnes
volontés pour le Haut Commissariat aux Réfugiés des Nations
Unies (UNHCR), écrit dans son roman 'The Kite Runner' (Les
cerf-volants de Kaboul), un bestseller du New York Times : « Cette
nuit-là, j'écrivis ma première nouvelle. Il ne me fallut que trente
minutes. C'était un conte noir, l'histoire d'un homme qui trouve
une tasse magique et découvre que s'il pleure dans la tasse, ses
larmes se transforment en perles. Mais bien qu'il soit pauvre, il
est heureux et pleure rarement. Il lui faut donc trouver le moyen
d'être triste, afin de faire fortune.

Les larmes s'accumulent et l'avidité en lui ne fait que croître. L'histoire se termine ainsi : l'homme assis sur une montagne de perles, un couteau à la main, pleure désespérément dans la tasse en tenant dans ses bras le cadavre de sa femme bien-aimée. »

Après avoir lu le résumé de cette histoire, j'imagine que vous êtes d'accord avec moi pour dire que l'affirmation parue dans cet éditorial (« L'avidité est en soi une bonne chose ») n'est pas juste. Quel que soit le résultat de notre acte, la force qui nous motive ne devrait jamais être l'avidité mais au contraire la joie profonde que nous procure l'action. Notre but devrait être plus noble que la simple accumulation de richesses.

Amma dit : « Il est naturel qu'un être humain ait des désirs, cela fait partie de l'existence. Mais l'avidité, l'envie irrépressible, ne sont pas naturelles ; elles vont à l'encontre de l'existence et de Dieu. Gâcher de la nourriture ou prendre dans la nature plus que le nécessaire, de tels actes sont également opposés aux lois de la nature. »

S'il fallait expliquer les causes de la récession en une seule phrase, ce serait : c'est l'avidité des entreprises qui inonde la société. Le cœur du problème, c'est que nous oublions la richesse intérieure, le contentement. Nous ne nous soucions pas de développer le discernement, cette connaissance intérieure.

Il y a seulement quelques années, des biens de valeur tels qu'une voiture, un téléphone portable, étaient considérés comme des produits de luxe. Ce sont maintenant des nécessités. Ce qui autrefois était un luxe est aujourd'hui indispensable et se traduit par un surcroît de désirs. Et cela ne s'arrête pas là. Ces désirs prennent la forme maléfique d'une avidité extrême et d'une exploitation forcenée. Il en résulte une perte des valeurs fondamentales, qui entraîne à son tour un déséquilibre des ressources. Alors même que nous voyons le monde qui nous entoure se désagréger, nous refusons de changer notre mentalité. Nous continuons sur la voie de l'exploitation.

« Les besoins sont illimités, » clament les économistes. Dans la vie aussi, les besoins, les désirs, constituent des buts importants à satisfaire.

> *« Lorsqu'on pense aux objets des sens, on développe de l'attachement pour eux, d'où surgit le désir et quand survient un obstacle à la satisfaction de ce désir, une force se manifeste : la colère. De la colère jaillit l'illusion qui plonge la mémoire dans la confusion, d'où une perte d'intelligence et c'est la ruine. »*

Bhagavad Gita,
Chapitre 2, Versets 62 – 63

Lorsque la maladie qui atteint une personne devient son être même, elle ne se rend pas compte qu'il s'agit d'une maladie. Quand une telle ignorance constitue la substance de notre existence, il n'y a pas d'issue.

La clé de la réussite, c'est d'oublier le passé et d'être dans le présent, dans l'instant.

Amma dit : « Vivre dans le présent ne signifie pas qu'il ne faut pas prévoir. Mais quand vous dessinez le plan d'un pont, soyez totalement présent. Et ayez la même vigilance lors de la construction du pont. Quand un chirurgien opère un malade, il ne faut pas qu'il pense à sa femme et à ses enfants. S'il ne reste pas parfaitement concentré, il risque de perdre le malade sur la table d'opération.

Mais quand il est chez lui avec sa femme et ses enfants, il doit être un bon père et un bon époux (ou si le chirurgien est une femme, une bonne épouse et une bonne mère). Il est dangereux d'emporter le bureau à la maison ou inversement. Le travail devient une joie seulement quand nous y mettons de l'amour.

L'amour est toujours dans le présent. Et tomber amoureux de notre travail revient à se relier à la source même du bonheur. En fait, dans ce cas, on ne tombe pas, on s'élève. Accompli avec l'attitude juste, le travail nous aide à monter vers les cimes de l'amour et de la joie. Préservons cette joie, ce sentiment d'amour profond.

Il fera peu à peu de nous un vrai maître dans notre domaine professionnel. »

En réalité, nous oublions notre nom, notre statut social, notre adresse, notre famille quand nous sommes totalement absorbés dans une activité qui nous intéresse. C'est ce qui arrive aux poètes, aux peintres, aux chanteurs, aux danseurs, aux savants et à ceux qui se consacrent à des idées neuves. Cette humeur joyeuse vient de l'intérieur. La source n'est pas à l'extérieur. Dans cet état, peu nous importe qu'il s'agisse d'un travail ordinaire ou d'une tâche subalterne car la joie que nous éprouvons est plus importante.

Il y a des années, quand le centre du MAM, Kérala, n'était qu'un petit bout de terrain entouré par la lagune, une des activités régulières des résidents consistait à charrier du sable : « *sand seva* ! » C'était l'occasion pour chacun de contribuer à combler les zones marécageuses avec du sable.

Le sable était apporté par bateau et entassé sur les berges de la lagune. Là, on remplissait à la pelle des paniers que chacun portait sur la tête jusqu'à l'endroit que l'on voulait combler.

Après les prières du soir et le dîner, la cloche annonçant le *sand seva* pouvait sonner à tout moment. C'était devenu une telle habitude que les résidents attendaient avec impatience le son de la cloche. Elle pouvait sonner à dix heures, à onze heures, minuit ou même après minuit. Dès que la cloche sonnait, tous les résidents arrivaient avec des paniers, des pelles, des bêches, des pioches et autres outils employés pour le *sand seva*.

D'abord tous les résidents, quel que fût leur âge, leur nationalité, leur sexe et leur langue se rassemblaient devant la chambre

d'Amma et l'attendaient. Très vite, Amma arrivait et disait :
« Bien, allons-y… »

Amma était à l'avant-poste et participait pleinement à la tâche.
Parfois elle remplissait les sacs de sable, parfois elle portait des sacs
jusqu'à la mare, tout cela en dirigeant le travail et en donnant des
instructions. Il lui arrivait de lancer une plaisanterie, de chanter
ou de faire quelques pas de danse avec le sac sur la tête. Si les
résidents tentaient de la dissuader de porter les sacs pesants ou
de pelleter le sable, elle répondait en souriant : « Si vous pouvez
le faire, je peux aussi. »

Chaque membre de l'équipe travaillait avec sincérité,
enthousiasme et amour. C'était amusant, un moment de joie où
le travail prenait naturellement l'allure d'un jeu, d'une danse.
Nous ne voyions même pas le temps passer. Le *sand seva* durait
généralement un peu plus de deux heures. Amma donnait le signal
d'arrêter en disant : « Ça suffit pour aujourd'hui. » Il était alors
bien plus de minuit.

Mais ce n'était pas la fin. Amma ramenait tout le monde
vers le quartier général de l'ONG et demandait : « Est-ce que le
café est prêt ? Est-ce que vous avez le mélange et les chips ? » (*Le
mélange, c'est généralement un mélange de différents ingrédients
frits et de chips de bananes salées.*) Dès que le café et le mélange
arrivaient, Amma s'asseyait dans le sable, entourée des résidents,
et elle servait le café très léger et le mélange à tout le monde.

Je me rappelle clairement un incident qui s'est déroulé dans
un de ces moments. Amma distribuait le café et les chips à tous,
quand elle dit soudain à l'un des résidents qui s'apprêtait à recevoir
sa part : « Tu n'as pas travaillé, n'est-ce pas ? »

« Non, je suis allé au lit. »

« Est-il juste de recevoir le fruit des actions d'autrui ? »
demanda-t-elle d'une voix calme.

« Non, répondit-il honnêtement, je suis désolé, Amma » et il s'en alla. Amma le rappela et dit : « Je ne veux pas que tu sois triste. Cela me rend triste aussi. Mais je ne veux pas que les autres t'en veuillent et je ne veux pas non plus donner un mauvais exemple. Je ne peux pas être partiale. Je ne veux pas non plus donner le sentiment aux autres qu'ils peuvent agir de même. Le mental est rusé, il cherche toujours des excuses pour fuir les situations et les responsabilités. Ai-je tort ? Qu'en penses-tu ? »

Cette fois, le résident paraissait vraiment repentant. « Tu as parfaitement raison, Amma, » dit-il. Alors Amma lui dit : « Ecoute, va porter un sac de sable depuis les berges de la lagune jusqu'à l'endroit où nous comblions l'eau, puis reviens. Tu auras ta part de café et de chips. » Quand il partit pour suivre les instructions d'Amma, elle ajouta : « Il faut qu'il porte un sac de sable parce qu'Amma ne veut pas se montrer injuste envers ceux qui ont travaillé. La joie et la détente sont le fruit de l'action désintéressée. »

Nous penserons peut-être qu'Amma était trop regardante et a donné à une petite erreur négligeable la dimension d'une grave transgression. Mais nos habitudes et notre caractère, qui forment notre personnalité, viennent de pensées que nous repoussons normalement comme immatérielles, sans substance. Nous savons tous qu'une accumulation de mauvaises actions peut aboutir à une situation dangereuse. Un voleur par exemple commence généralement par de petits larcins avant de commettre des délits plus graves.

Bien souvent, la réussite aussi a des débuts modestes. Des multinationales telles que Microsoft et Apple ont commencé à une petite échelle ; ce fut également le cas de deux multinationales indiennes, Tata et Reliance.

Le capital de départ d'Infosys n'était que de 250 dollars. Il s'est développé pour atteindre 7,4 milliards de dollars avec une capitalisation boursière d'environ 31 milliards.

Une pomme qui tombe d'un arbre, la belle affaire ! Mais dans l'esprit de Sir Isaac Newton, ce phénomène ouvrit un monde nouveau et une découverte importante s'ensuivit. Tout, dans la nature, a des débuts modestes. Un arbre immense est issu d'une graine minuscule. Selon la théorie du Big-Bang, l'univers a commencé par une petite bulle de singularité. Selon Ralph Ransom, le peintre américain, « La vie est une série de pas. Les choses se font peu à peu. De temps à autre nous faisons un pas de géant, mais la plupart du temps, nous gravissons de petites marches, en apparence insignifiantes, sur l'escalier de la vie. »

Amma dit : « Rien n'est insignifiant en ce monde, tout est important et mérite notre considération. Un avion ne peut pas décoller si le moteur a un problème technique. L'avion ne peut pas décoller non plus s'il manque une vis essentielle. Comparée au moteur, la vis est petite. Mais est-il possible pour autant de déclarer que son absence est sans importance ? Non. »

En tant que citoyens responsables et parties prenantes de la société, il est important que nous comprenions qu'il n'existe rien de négligeable. Tout a une fonction.

Le lecteur doit savoir qu'au départ, la presque totalité du terrain occupé par le Centre spirituel que nous voyons aujourd'hui au Kérala, en Inde, était sous l'eau. Ce sont les résidents et les visiteurs qui ont comblé les trous et nivelé le terrain pour lui donner son aspect actuel. Ils furent constamment guidés par la présence et la participation d'Amma. Aucune entreprise ne fut engagée pour faire le travail.

L'anecdote que j'ai racontée plus haut pourrait sembler sans grande importance, mais elle nous enseigne qu'il est nécessaire d'être conscient et vigilant en toutes circonstances. Comme le dit Amma : « Sans conscience, il n'y a pas de vie. Être réellement conscient, c'est avoir conscience des mouvements du corps, de ce qui se passe à l'extérieur du corps et des pensées et des émotions qui apparaissent dans le mental. Voilà comment on peut empêcher les vices de nous dominer. » Cela me rappelle un aphorisme d'Aristote : « Ce qui donne à une vie humaine sa valeur réelle, ce n'est pas simplement la survie, c'est la conscience, la vigilance et la puissance de contemplation acquises. »

L'histoire du *sand seva* indique aussi la nécessité d'exprimer de l'affection et de l'humilité aussi bien envers les personnes qui nous entourent que dans notre manière de gérer les situations. Amma disant à un résident : « Je ne veux pas que tu sois triste. Cela me rend triste aussi, » témoigne de l'affection qu'elle porte aux membres de son équipe. En refusant de donner du café et des chips au résident qui n'avait pas participé au *sand seva*, Amma a clairement fait passer le message de l'équité et l'idée « Tu ne peux pas toujours faire ce que tu veux. Comporte-toi comme un joueur de l'équipe. » Ainsi, elle a rendu tout le monde heureux.

Mais l'essentiel est la manière dont Amma transforme un travail normal en une expérience pleine de joie et témoigne de la capacité d'un chef à inspirer réellement les membres de l'équipe et soutenir leur enthousiasme, quelle que soit l'heure du jour ou de la nuit. Comme le remarque avec justesse J.R.D. Tata : « Si nous voulons gagner les gens à notre cause, il faut le faire par notre caractère et avec gentillesse. Savoir diriger les êtres humains, c'est le faire en y mettant de l'affection. »

CHAPITRE QUATRE

Cercles vicieux et cercles vertueux.

L es termes économiques 'cercle vertueux' et 'cercle vicieux' ont également donné les expressions : 'cycle vertueux' et 'cycle vicieux'. Ils désignent d'ordinaire des faits qui s'enchaînent et favorisent un progrès, des résultats favorables, grâce à ce que l'on pourrait appeler un effet de spirale. Comme ces mots le suggèrent, un cercle vertueux a des conséquences encourageantes tandis qu'un cercle vicieux a des répercussions décourageantes, défavorables.

Les innovations dans les domaines de la science et de la technologie, quand elles engendrent une croissance économique, créent parfois un cercle vertueux. Il se produit alors une réaction en chaîne : accroissement de la productivité, réduction des coûts de production, baisse des prix, accroissement du pouvoir d'achat et de la consommation ont pour résultat une croissance encore plus forte de l'économie, le début d'un nouveau cycle. On pourrait donner comme autre exemple les intérêts sur les dépôts d'argent, qui génèrent des intérêts de plus en plus élevés, ce qui attire des dépôts plus importants, d'où résulte une augmentation des intérêts, et ainsi de suite.

L'hyperinflation est en revanche la conséquence caractéristique d'un cercle vicieux qui engendre un effet boule de neige : l'inflation devient galopante, s'autoalimente, générant elle-même davantage d'inflation. Ce cycle commence généralement par une augmentation rapide des taux d'intérêts internationaux ou par une énorme escalade des arriérés de la dette publique, dont les dépenses ne sont plus garanties. Le gouvernement peut alors tenter de réduire le passif (la dette) en faisant marcher la planche à billets, c'est ce que l'on appelle monétiser la dette, mais une telle politique de création de monnaie risque d'accélérer encore l'inflation.

Anticipant la dévaluation de la monnaie, les gens ont alors tendance à dépenser leur argent rapidement. La monnaie ayant encore un certain pouvoir d'achat, ils convertissent leurs avoirs en biens matériels. Bien souvent, ils achètent à crédit, ce qui en définitive accentue encore la dévaluation de la monnaie. Comme les réserves monétaires du pays s'amenuisent, le gouvernement éprouve des difficultés à rembourser ses dettes, et n'a ensuite plus d'autre solution que d'émettre plus de billets. Cela engendre encore un autre cercle vicieux. La politique monétaire de l'Inde est différente de celle des pays occidentaux, essentiellement des Etats-Unis et de certains pays européens. La Banque Nationale d'Inde (RBI) dépose une certaine quantité d'or dans ses coffres, en proportion de la monnaie mise en circulation, ce qui minimise les risques d'inflation.

Comme les êtres humains n'ont pas su employer les ressources disponibles, qu'elles soient naturelles ou autres, d'une manière sensée, si nous ne prenons pas des mesures radicales pour améliorer la situation actuelle il en résultera forcément un état de déséquilibre. Le fossé grandissant entre riches et pauvres aura pour conséquence une distribution inégale des richesses, qui génèrera automatiquement du malheur, du mécontentement et des conflits.

Il est temps d'intégrer de nouveaux principes, qui intellectuellement ne semblent peut-être pas convaincants mais qui sont en fait des éléments vitaux si l'on considère la situation actuelle de l'humanité. De quelle amélioration s'agit-il ? Il s'agit de transformer le cœur calculateur en cœur sensible. Il est temps de créer un certain équilibre entre les décisions prises en utilisant l'intellect, le raisonnement pur et l'analyse logique, et celles qui sont prises à partir du cœur, de la conscience et de la puissance qui les transcende. C'est ainsi que le monde intérieur et le monde extérieur pourront être en harmonie.

Le murmure de notre conscience est doux, subtil et subjectif. Pour l'entendre, il faut savoir prêter une oreille attentive. Développons l'habitude de tenir un tête à tête avec notre conscience. Si elle suggère qu'une idée est mauvaise ou la refuse, abandonnons-la. En exploitant les ressources naturelles, nous avons complètement mis de côté notre conscience.

La plupart des lecteurs seront sans nul doute d'accord avec moi pour déclarer que notre planète Terre a un besoin urgent de notre soutien et de notre compassion. Il n'est pas nécessaire d'avoir un esprit subtil et sensible pour ressentir cette urgence, tant cela est palpable. Les humains, les animaux, le règne végétal, nos rivières, la nature entière et l'atmosphère montrent les signes avant-coureurs très nets d'une tragédie encore jamais vue.

Pour être franc, nous avons le choix entre « agir » ou « mourir. »

Soit nous changeons immédiatement de cap, intérieurement et extérieurement, soit nous restons dans nos vieux schémas et laissons la nature suivre son cours.

Cela me fait penser aux paroles du professeur Stephen Hawking, le célèbre astrophysicien. Dans une interview pour Big Think Idea Hunters (*mot à mot : les chasseurs de grandes idées. Il s'agit d'un site Internet qui propose des vidéos et des blogs sur les « Grandes Idées » de notre époque, sélectionnées parmi la pléthore d'informations dans laquelle nous vivons*) Stephen Hawking a déclaré : « Je vois de grands dangers à venir pour la race humaine. Il est arrivé plusieurs fois, dans le passé, que nous passions à deux doigts de l'anéantissement. La crise de Cuba en 1963 en est un exemple. Il est probable que de tels incidents seront plus nombreux à l'avenir.

Pour réussir à éviter une issue fatale, il nous faudra gérer toutes ces crises avec le plus grand soin, le plus grand discernement. Mais je suis un optimiste. Si nous y parvenons pendant deux siècles, notre race sera sauve, car nous nous répandrons dans l'espace.

Si nous sommes les seuls êtres intelligents dans la galaxie, assurons-nous que nous allons survivre et continuer. Mais nous entrons dans une période extrêmement dangereuse de notre histoire. Notre population et notre utilisation des ressources de la planète Terre augmentent de manière exponentielle, tout comme notre capacité technique d'influer sur l'environnement en bien ou en mal. Mais notre code génétique porte encore les instincts égoïstes et agressifs qui nous permirent de survivre dans le passé.

Il sera difficile d'éviter les désastres au cours du siècle, sans parler du millénaire ou du million d'années à venir. A long terme, notre seule chance de survie n'est pas de regarder sur la planète Terre, mais d'émigrer dans l'espace. Nous avons fait des progrès remarquables au cours du siècle écoulé. Mais si nous voulons survivre au-delà du siècle qui vient, notre avenir est dans l'espace. C'est pourquoi je suis en faveur des vols spatiaux habités. »

Bien que le Professeur Hawking observe que « La conquête de l'espace est notre seule chance de survie à long terme », d'un point de vue pratique, cela n'est peut-être pas réalisable. Mais si l'être humain le désire, avec l'aide de la loi qui gouverne cet univers, nous pouvons encore transformer cette planète Terre en un lieu plein de ressources et de beauté pour les générations à venir. Ce changement requiert une métamorphose : la capacité de ressentir l'amour, de l'exprimer et de le manifester dans nos actes. L'amour est l'émotion qui inspire le plus de sympathie aux êtres humains comme à tous les êtres vivants.

On peut aussi fermer les yeux sur tout ce qui arrive dans le monde et ne penser qu'à son plaisir immédiat en déclarant : « Peu m'importe la planète ! Après moi, le déluge ! » Avant de choisir cette option, imaginons seulement l'état du monde si chacun raisonnait ainsi.

En vérité, l'amour est un medium, c'est lui qui relie les êtres humains à l'univers, la mère à l'enfant (qu'il s'agisse d'un humain, d'un animal ou d'un oiseau.)

L'amour est le lien qui nous relie les uns aux autres, mais il est nécessaire de nourrir cet amour inné. L'amour n'est peut-être pas « l'espace » dont parle le professeur Hawking. Mais en fait, l'amour a toujours été « l'espace » de l'être humain, la demeure réelle de l'humanité, encore inexplorée. L'amour continuera à être notre véritable « espace » d'existence dans le présent et dans le futur, à moins que nous ne choisissions de sortir de cet espace sacré. « Naissez dans l'amour, vivez dans l'amour et mourez dans l'amour » voilà en essence ce que nous montre Amma en tant qu'Ambassadrice du Modèle du Miroir.

Un seul mot suffit à décrire sa nature compatissante : *donner*. L'immense réseau d'activités caritatives qu'elle a fondé et les contributions apportées dans les domaines de l'éducation, de la santé, de la recherche, de l'autonomie (entre autres financière) des femmes, de la construction de maisons pour les sans-abris, de la protection de l'environnement, des repas gratuits etc., se résume à ce mot.

Voici le témoignage de l'ex-Président de l'Inde, Dr. A.P.J. Abdul Kalam : « Je veux dire à tous ce que j'ai appris d'Amma : donnez. Continuez à donner. Pas seulement de l'argent. Vous pouvez donner des connaissances, vous pouvez soulager la souffrance. Chacun d'entre nous, riche ou pauvre, peut donner. C'est le message essentiel, c'est celui qu'Amma prodigue à tous les êtres humains. »

Amma est certes une visionnaire, mais elle a aussi démontré sa capacité à tenir ses engagements. Comme l'a déclaré le maire de New York, Michael Bloomberg : « Qu'il s'agisse de l'aide aux victimes du tsunami, de la construction de maisons pour les pauvres, de l'apport de ressources précieuses aux veuves et aux femmes maltraitées ou du réconfort apporté à ceux qui en ont le plus besoin, Amma, vous avez transformé la vie d'un grand nombre d'hommes et de femmes dans le monde et ils vous en sont reconnaissants. »

Comme l'affirme Krishna dans la Bhagavad Gita : *yogah karmasu kausalam*—« Le yoga est la dextérité dans l'action. » Amma pense, décide et agit avec une étonnante rapidité. Chaque œuvre caritative commence par une initiative désintéressée d'Amma qui se concentre sur l'action présente, sur son devoir, sans se ronger d'inquiétude au sujet du résultat.

Voici quelques unes de ces œuvres :

Aide humanitaire

Face aux catastrophes

- Explosion d'une citerne GPL et d'une usine de feux d'artifices dans le sud de l'Inde (2012) : aide aux familles des victimes et aux blessés
- Tsunami et tremblement de terre au Japon (2011) : 759 000 euros pour les enfants devenus orphelins à cause du désastre.
- Tremblement de terre à Haïti (2010) : matériel médical, couvertures, bourses d'études pour les enfants
- Inondations dans le Karnataka et l'Andra Pradesh (2009) : 7,1 millions d'euros pour les soins médicaux, la nourriture, des fournitures et mille maisons pour les réfugiés
- Cyclone Aile, au Bengale Occidental (2009) : aide médicale, nourriture et fournitures multiples
- Inondations dans le Bihar (2008), au Gujarat (2006), à Bombay (2005) : plus de 1,2 millions d'euros en matériel médical, nourriture, matériels et abris temporaires.

- Tremblement de terre au Cachemire (2005) : nourriture et matériels de première nécessité
- Ouragan Katrina aux Etats-Unis (2005) : 600 000 euros donnés à la fondation Bush-Clinton.
- Tsunami en Inde et au Sri Lanka (2004) : déploiement d'une aide de 38 millions d'euros en travaux de réhabilitation (construction de 6200 maisons résistantes à un tsunami, construction de 700 nouveaux bateaux de pêche et d'un pont d'évacuation, formation professionnelle pour 2500 victimes)
- Tremblement de terre au Gujarat (2001) : construction de 1200 maisons antisismiques

Autres actions humanitaires

- Construction de 45 000 maisons pour les pauvres dans toute l'Inde
- 41 000 bourses scolaires pour les enfants des fermiers démunis, avec un objectif de 100 000.
- Développement du potentiel des femmes par la fourniture d'un capital de départ pour leur entreprise, l'accès à des formations professionnelles et au microcrédit.
- Action en faveur de l'agriculture biologique via le soutien à 10 000 personnes pauvres pour leur permettre de cultiver des légumes biologiques sur leurs terres.
- Orphelinats pour 500 enfants dans le Kérala et 50 enfants à Nairobi.
- Distributions de nourriture à plus de 10 millions de pauvres par an dans toute l'Inde et 100 000 repas en dehors de l'Inde dont 75 000 aux Etats-Unis grâce à « La cuisine d'Amma ».
- Pensions à vies pour 59 000 veuves et personnes handicapées physiques ou mentales, avec un objectif de 100 000.
- Quatre foyers pour personnes âgées en l'Inde.
- Résidence pour femmes dans un cadre sécurisant.

- Activité dite « Cercle d'amour » en faveur des prisonniers aux Etats-Unis pour leur fournir espoir et réconfort

Action Spirituelle et culturelle

- L'Ashram d'Amritapuri (dans le Kérala en Inde) est le siège social international des activités humanitaires d'Amma.
- IAM® (Technique de Méditation Intégrée Amrita) enseignée dans le monde entier.
- AYUDH aide les jeunes à « être le changement que vous souhaitez voir dans le monde » à travers des projets sociaux.
- Greenfriends, qui cultive le respect de la Nature, a initié et inspiré la plantation d'un million d'arbres depuis 2001.

Soins médicaux

Amrita Institute of Medical Sciences (AIMS)

- Hôpital charitable à but non lucratif de 1300 lits (dont 210 en service d'urgence) qui fournit des soins gratuits aux plus démunis;
- 12 pôles d'excellence, 51 services, 24 salles d'opération ;
- Plus de 2,6 millions de patients ont reçu un traitement totalement gratuit depuis 1998.

AIMS Community Service

- Télémédecine en collaboration avec des hôpitaux et plus de quarante centres de soins éloignés dans toute l'Inde et dans certains pays d'Afrique ;
- Campagnes médicales préventives gratuites dans des zones rurales isolées ;
- Formations au métier d'infirmier de centaines de personnes dans les villages tribaux;
- Centres hospitaliers sur cinq sites (trois dans le Kérala, un dans le Karnataka et un dans les Iles Andaman) qui offrent des soins gratuits.

- Centre social de soins pour les personnes atteintes par le virus du SIDA à Trivandrum et foyer pour les malades du cancer à Bombay ;
- Unité de soins palliatifs gratuite pour les personnes en phase terminale ;
- Plus de cent camps médicaux gratuits annuellement dans toute l'Inde ;
- Médecine ayurvédique : une école et un hôpital de cent soixante lits en médecine ayurvédique
- Formation de cent mille femmes au métier d'infirmière à domicile dans plus de six mille groupes d'entraide.

Éducation

Amrita Vishwa Vidyapeetham (Université Amrita)

- Cinq campus comprenant des écoles d'ingénieurs, de médecine, d'infirmières, de médecine dentaire, de pharmacie, d'économie, de journalisme, de médecine ayurvédique, d'éducation, de biotechnologie et d'informatique et de sciences ;
- Les laboratoires de recherche Amrita et d'autres centres de recherche innovent constamment dans les domaines des communications, du e-learning, des technologies de l'éducation, de l'informatique et des biotechnologies ;
- Trente universités majeures dans le monde, dont Stanford, MIT, NYU, EPFL en Suisse, VU à Amsterdam, TU à Munich, Roma Tre, ETH de Zurich et l'Université de Tokyo collaborent avec l'Université Amrita pour développer une recherche et un enseignement de haute qualité en Inde ;
- « Institut pour l'éducation du peuple », Centre de formation professionnelle et de développement social,
- Campagne d'alphabétisation en faveur des populations tribales, primée par les Nations Unies.

Enseignement primaire et secondaire

- 47 écoles dans toute l'Inde fournissent un enseignement axé sur l'éthique, dans une approche holistique de l'éducation.
- Une école pour les enfants malentendants dans le Kerala.

L'effort d'Amma consiste à créer un cercle vertueux, bloquant ainsi la possibilité que nous soyons entraînés dans le tourbillon d'un cercle vicieux qui propagerait ensuite les germes de la négativité, comme une maladie contagieuse qui se répand.

CHAPITRE CINQ

La vertu, l'équanimité et la grâce

C omme nous l'avons expliqué au chapitre précédent, les économistes ont leurs propres méthodes d'analyse des cercles
vertueux et vicieux. Mais, grâce à sa façon de diriger et
de gérer, Amma crée un cercle vertueux extraordinaire, fondé
sur l'amour, qui génère et modèle sans cesse des êtres humains
au cœur bon.

Quand un événement négatif en entraîne un autre, nous
appelons cela un cercle vicieux. Par exemple, la peur. Lorsque
nous sommes sous son emprise, si nous ne la surmontons pas, elle
augmente et engendre encore plus de peur. C'est ainsi que nous
entrons dans un cercle vicieux. Chaque fois que la peur survient,
elle s'inscrit de plus en plus profond dans notre esprit. Plus nous
lui permettons de nous gouverner, plus elle se grave profondément
en nous et devient une habitude qui affecte nos paroles, notre
énergie et notre comportement.

En revanche, dans le cas d'un cercle vertueux tel que celui
développé par Amma, où les actes du dirigeant sont conformes
à ses paroles, son sens de l'équité, son amour de l'humanité, sa
puissance, son écoute patiente, son intrépidité, etc., font d'elle une
source immense d'inspiration. Quand un exemple vivant d'une
telle envergure se trouve à la tête de l'organisation, l'équipe entre
spontanément en émulation pour imiter les belles qualités ainsi
manifestées sous ses yeux. Ce lien et le cycle ainsi créé deviennent
un catalyseur qui permet à l'entité économique d'obtenir des
résultats étonnants.

Voici un exemple qui démontre à quel point Amma prend soin de tous, sans aucune discrimination. Une fois que les populations frappées par le tsunami n'eurent plus besoin des secours apportés par notre ONG et que les activités de reconstruction furent achevées (maisons, formations professionnelles etc.), nous avons voulu créer un document de référence pour le futur ; nous avons compilé dans un livre tous les détails de l'aide qui avait été apportée.

Lorsque nous avons eu en main la première copie de ce livre, je l'ai montré à Amma avant de l'envoyer à l'imprimerie. C'était un livre assez épais, illustré de nombreuses photos et de témoignages très vivants. Tout en donnant le darshan, Amma le feuilleta et examina toutes les photos. Il y avait des photos d'Amma en train de travailler avec les bénévoles, moines de la première heure, résidents, occidentaux, jeunes ou vieux ; on y voyait les activités de seva, très variées. Nous avions même une photo de Ram, un des éléphants de l'ashram, en train de porter du bois pour participer à la construction des maisons.

Tout en regardant les images, Amma s'écria soudain : « Mais où est Lakshmi ? » Tout d'abord, je n'ai pas compris. J'ai cru qu'Amma parlait de Lakshmi, qui assure son service personnel. Mais Amma dit : « Non, Lakshmi ! Lakshmi ! Lakshmi ! Ce n'est pas juste, expliqua-t-elle, vous avez mis des photos de Ram mais pas de Lakshmi alors qu'elle aussi a travaillé pour les victimes du tsunami ! »

Amma parlait en fait du deuxième éléphant de l'ashram, Lakshmi. Voici un exemple de réelle équité, non seulement envers les humains mais aussi envers les animaux.

L'exemple d'Amma, son abnégation et sa sollicitude, attirent des scientifiques brillants, des médecins et des professionnels du monde entier qui viennent travailler à l'université ou dans les hôpitaux dont Amma gère avec soin les ressources et le fonctionnement. Ce style de gestion crée spontanément un cercle vertueux.

Aujourd'hui encore, la vie d'Amma est semée d'épreuves et de tribulations. Ce furent au départ sa famille et les gens de son village qui s'opposèrent à elle. Ils ont maintenant accepté sa voie, mais depuis l'âge de neuf ans, où elle cessa de fréquenter l'école, jusqu'à la fin des années 80, Amma dut affronter et surmonter d'innombrables obstacles. Personne, ni dans le village ni dans sa famille, ne comprenait le moins du monde la voie qu'elle suivait, une voie d'amour et de compassion. Comme il s'agissait en outre d'une jeune fille, les membres de sa famille étaient particulièrement inquiets pour son avenir. Mais sa foi et sa détermination à mener une vie d'amour et de sollicitude étaient inébranlables.

Amma a formé un vaste réseau de cercles vertueux incluant toutes les générations, des jeunes enfants aux adultes, et toutes les couches de la société. Amma met en route un processus de purification et d'engagement même chez les petits enfants : certains, qui connaissent l'organisation d'Amma, mettent de côté l'argent qu'ils reçoivent de leur famille pour soutenir les œuvres caritatives.

Il y a quelques années, quand Amma s'est rendue en Suisse, un garçon âgé d'environ treize ans est venu avec une enveloppe. En la remettant à Amma, il lui a dit : « C'est pour tes œuvres caritatives. »

Amma lui a demandé ce qu'il y avait dans l'enveloppe et il a répondu : « Trois cents euros. »

« Comment les as-tu eus ? »

« J'ai participé à un concours de flûte et j'ai gagné le premier prix. C'est l'argent du prix. Tu fais tant pour aider les pauvres. S'il te plaît, accepte-le. » Il parlait avec beaucoup d'amour et d'innocence. Mais Amma insista pour qu'il garde l'argent.

L'histoire ne s'arrête pas là.

La petite sœur du garçon était triste parce qu'elle n'avait rien à offrir pour aider les pauvres. Il se trouve que son anniversaire tombait quelques semaines plus tard. Amma se trouvait alors à

Munich. Le grand-père de la petite fille lui avait offert une petite somme d'argent pour son anniversaire. Normalement, elle l'utilisait pour s'acheter des glaces ou des chocolats. Cette fois-ci, elle déclara à ses parents : « Je mange des glaces tout le temps. Cette année, veux donner mon argent de poche à mon Amma. Elle s'occupe de nombreux enfants comme moi … »

Voici comment agit le pouvoir purificateur de l'amour, grâce à la compagnie d'un être noble, à la compréhension et à une sollicitude sincère envers autrui. Ce garçon et cette fille avaient encore un désir, celui de servir les enfants moins favorisés qu'eux. Tous les cœurs peuvent être touchés par un exemple inspirant. Un tel modèle transcende les barrières entre les langues, les nationalités, les religions et les générations ; il aide chacun, peu à peu, à purifier ses objectifs et ses intentions, à choisir des buts désintéressés. C'est ainsi qu'Amma aide les êtres humains à épanouir leur cœur.

Comme n'importe quelle autre entreprise, la voie de la vertu requiert une foi solide et du courage. A mesure que nous nous y enracinons, les choses évoluent peu à peu. Tout naturellement, notre travail, nos pensées et notre présence sont respectés et acceptés. Et en même temps, un individu suivant cette voie reste toujours un mystère ; il est en effet difficile à un esprit calculateur de comprendre la puissance de la vertu lorsqu'elle se traduit en actions et devient un mode de vie.

Une fois que nous entrons dans le cercle de la vertu, notre potentiel intérieur s'épanouit. La vertu nous protège de toutes les péripéties car grâce à elle, nous nous relions à la loi éternelle de l'univers. Nous ne faisons plus qu'un avec le flux de la vie.

Le cercle de la vertu nous permet également d'être mieux centrés, quelles que soient les circonstances extérieures. Nous savourons certes les succès remportés dans le monde, mais en cas d'échec, nous demeurons centrés dans l'expérience de notre vertu intérieure. Cet ancrage au centre est une simple question de conscience.

Le plus grand avantage du cercle vertueux, c'est de bloquer complètement les interférences de l'ego. La croyance actuellement répandue dans le monde, c'est que l'on ne peut arriver à rien sans l'ego. Mais en vérité, l'ego n'est pas un ami véritable, plutôt un ennemi, un obstacle qui nous empêche de voir, d'entendre, d'écouter, d'observer et de juger correctement. C'est comme un énorme nuage qui enveloppe le vaste ciel de notre esprit et obscurcit la réalité. Si nous parvenons à réduire l'intervention de l'ego, nous faisons de grands progrès en clarté d'esprit, en vivacité intellectuelle, en efficacité, et en maîtrise de la situation. Nos décisions sont plus rapides et plus précises lorsque nous réfrénons l'ego.

Plus nous diminuons les interférences de l'ego, plus nous recevons le soutien et la protection de l'univers. C'est presque comme si une puissance inconnue nous portait, nous faisait traverser les défis de la vie. En fait, la loi de la grâce, la loi qui gouverne l'univers, devient alors active dans notre vie quotidienne.

La loi de la grâce déclenche un processus de croissance aussi bien verticale qu'horizontale. Nous développons la faculté de transformer tout obstacle en bénédiction, en marchepied que nous pouvons utiliser pour monter encore plus haut, remporter une nouvelle victoire. Cela ne signifie pas que les problèmes vont disparaître et que les situations vont changer radicalement. Ne croyez pas que les circonstances extérieures vont changer, mais une transformation intérieure se produira.

La grâce est un phénomène inconnu, qui jaillit d'une source incompréhensible pour nous. Pour réussir, nous avons besoin de cet aspect appelé grâce. Il se peut par exemple que nous ayons un projet, mais que nous ne puissions pas le mener à bien. Ce fut le cas le 25 mai 1961 lorsque John F. Kennedy annonça le projet d'envoyer un être humain sur la Lune et de le faire revenir sur la Terre.

Kennedy savait que la compétition spatiale était acharnée entre les nations. Il voulait que les Etats-Unis soient le premier pays à envoyer un homme sur la Lune. Mais son souhait ne se réalisa qu'en 1969, sous la présidence de monsieur Richard Nixon. John F. Kennedy fut sans doute plus populaire en tant que Président des Etats-Unis. Pourtant, une puissance invisible qui tire les ficelles décida que l'honneur d'avoir envoyé un être humain sur la Lune et de l'avoir ramené sur la Terre reviendrait au Président Richard Nixon. Les exemples similaires abondent dans l'histoire de l'humanité. Il en est et il en sera toujours ainsi.

La force de gravité de la terre attire tous les objets et provoque leur chute. Nous considérons cela comme une loi universelle. Nul ne peut nier le fait que la nature de la vie est dualité : le bonheur et le chagrin, le succès et l'échec, le gain et la perte, l'honneur et le déshonneur, l'été et l'hiver, la pluie et le soleil, etc. Ainsi, pour équilibrer la loi extérieure de la gravitation, qui tire tout vers le bas, il faut qu'il existe une loi intérieure qui nous aide à nous élever et à surmonter toutes les situations. C'est la loi de la grâce. Amma explique : « Tant que nous portons le poids de l'ego, le vent de la grâce ne peut pas nous soulever. »

Tandis qu'un cercle vicieux est lié aux émotions inférieures, un cercle vertueux est lié à un niveau supérieur de conscience. Amma aide les gens à passer d'un niveau inférieur à un niveau supérieur de conscience, formant ainsi une chaîne mondiale d'êtres vertueux.

CHAPITRE SIX

Petites corrections, grands changements

Voici une belle citation d'Aristote : « N'importe qui peut se mettre en colère, c'est facile ; mais se mettre en colère contre la bonne personne, dans la juste mesure, au moment adéquat, pour un motif légitime et de la façon appropriée, tout le monde n'en est pas capable et ce n'est pas facile. »

Dans une société qui se caractérise par des envies irrésistibles et des désirs inépuisables, dans un monde centré sur l'argent et les résultats, il est compréhensible que l'on ne prenne pas Aristote au sérieux. Quoi qu'il en soit, aucun être doté d'intelligence et d'un penchant pour la réflexion ne peut nier la profondeur philosophique, et la perspicacité psychologique de ces paroles, pas plus que la grande vérité spirituelle, véritable joyau, qu'elles recèlent.

Quiconque est capable d'assimiler le sens de ces paroles et d'agir en conséquence verra se produire dans sa vie un magnifique changement.

Dans de nombreux pays et cultures, les systèmes théoriques et pratiques de management sont en pleine évolution. Il est grand temps que cette transformation se produise car sinon, les cadres du monde de l'entreprise, physiquement, émotionnellement et intellectuellement surchargés, sombreront dans la dépression nerveuse. Beaucoup d'entre eux se plaignent que leur vie est devenue mécanique et monotone, dépourvue de toute spontanéité, qu'il y manque la joie et l'aspect ludique.

Selon moi, on peut résumer l'essence de la citation d'Aristote en trois notions : *être conscient, rester témoin* et *écouter.* Les deux dernières, la capacité de rester témoin et d'écouter, dépendent de notre degré de conscience. Ne croyez pas que je suggère ainsi que les lecteurs doivent obligatoirement exceller dans ces trois domaines. Il suffit d'une certaine pratique pour en retirer de grands bienfaits.

Dans l'un des versets de la Bhagavad Gita, Krishna dit à Arjuna :

*Svalpam Apyasya Dharmasya Trayate
Mahato Bhayat...*

Il suffit d'appliquer un peu au quotidien les vérités spirituelles pour dépasser les plus grandes peurs.

Nous accumulons et essayons d'assimiler beaucoup d'informations censées nous aider sur les sites Internet, les blogs, les journaux en ligne, dans les livres et les magazines ainsi que par d'autres sources. A quoi servent donc toutes ces informations si elles ne nous fournissent pas un fondement solide, un appui stable pour affronter les défis de la vie avec force intérieure, compréhension et profondeur ?

Nous n'accumulons pas seulement de l'information. Il y a des gens qui collectionnent tout et n'importe quoi. Ils ont l'habitude profondément ancrée d'accumuler. Ils vont peut-être ramasser les morceaux d'une mobylette cassée : un guidon, une selle, une roue cassée, une pédale, un feu cassé, puis un autre guidon d'une autre marque. Ils collectionnent tous ces débris et en remplissent la seule pièce dont ils disposent. Si quelqu'un leur demande : « Mais pourquoi récoltes-tu tous ces débris ? » ils répondent : « Un jour, j'assemblerai toutes les pièces et je me construirai une mobylette. » Ils ne le font jamais et meurent sans avoir construit leur « château en Espagne. »

Ce que je veux dire, c'est qu'en récoltant quantité d'informations sans jamais rien mettre en pratique, nous ne faisons qu'augmenter notre fardeau intellectuel, affaiblir notre potentiel intérieur et voiler la clarté de notre vision et de notre pensée.

Les paroles d'Aristote éclairent une voie bien tracée vers le succès, la gloire et le pouvoir. Il conseille de « se mettre en colère contre la bonne personne, dans la juste mesure, au moment adéquat, pour un motif légitime et de la façon appropriée... » Tous les dirigeants, les gestionnaires et les PDG ne devraient-ils pas s'efforcer de développer cette faculté ?

Mettre ce conseil en pratique requiert de cultiver l'attitude d'un témoin ainsi que la capacité de prendre du recul par rapport au projet et de le considérer du point de vue de l'observateur. Une fois que nous avons acquis ce savoir-faire inestimable, nous percevons de nombreux aspects importants, mais jusqu'alors invisibles, du monde qui nous entoure. Cela équivaut à soulever le couvercle d'une malle au trésor ou à ouvrir un cadeau précieux.

Dans les Ecritures de l'Inde, cette attitude de témoin est appelée *Sakshi Bhava*. C'est un peu comme si on s'élevait consciemment sur un plan astral pour un moment ; cela nous permet d'accéder à un plan de conscience d'où l'on a une meilleure vue de ses propres actions et de ce qui se passe autour de soi.

Quant à l'écoute, il ne s'agit pas seulement d'entendre ce que les autres disent mais aussi d'écouter la voix de notre conscience. Notre conscience ne ment jamais. En l'écoutant, nous sommes donc certains de prendre de meilleures décisions.

Les Ecritures de l'Inde recommandent « l'écoute, la contemplation et la pratique. » La première étape consiste à écouter. Si vous lisez ou si vous écoutez une conférence, ne prenez même pas de notes. Ecoutez, buvez chaque mot. La seconde étape, la contemplation, est une écoute intérieure. Employez votre faculté de raisonnement pour analyser profondément ce que vous avez entendu.

Une telle discipline nous apporte une expérience authentique du sujet que nous étudions, et nous l'intégrons ensuite véritablement. Si nous suivons sincèrement cette voie, le sixième sens, l'intuition, se développe. Celui qui cherche la vérité peut ensuite aller plus loin et se fondre dans l'état de pure béatitude.

Albert Einstein dit : « L'intuition est un don sacré et l'intellect un serviteur fidèle. Nous avons créé une société qui honore le serviteur et a oublié le don. »

Notre niveau de conscience est si bas que nous demeurons identifiés au monde extérieur, en oubliant complètement le monde intérieur. Si bien que quand les choses vont mal à l'extérieur, notre esprit « s'égare ». Quand la bourse plonge, nous nous effondrons. Quand nous subissons des revers, nous les vivons comme un échec intérieur, et notre faculté de penser est affectée. Nous sommes trop proches, trop identifiés au problème, incapables d'avoir une vue d'ensemble. Nous perdons notre clarté d'esprit et notre discernement.

Pour avoir une vision nette de la situation, il faut prendre du recul et la regarder à une certaine distance. Mettez la paume de votre main tout près de vos yeux et essayez d'en distinguer les lignes : vous ne le pourrez pas, tout sera brouillé. Mais tenez votre main à environ douze centimètres de votre visage, vous verrez clairement toutes les lignes. Il en va de même des situations et des gens : afin de discerner tous les détails et d'avoir une vision plus pénétrante, il est nécessaire d'effectuer un réglage intérieur, de se mettre sur la bonne fréquence, tout comme nous avons placé notre main à la bonne distance.

En revanche, lorsque nous sommes trop identifiés à nos idées et à nos stratégies, notre perspective demeure étroite. Le détachement nous permet d'affronter avec efficacité les défis variés que la vie nous apporte et de les gérer intelligemment.

Amma donne un exemple : « Imaginez que nos voisins perdent un parent proche. Nous allons les voir, nous essayons de consoler la famille et nous citons même les Ecritures qui disent que « la mort est inévitable. » Comme nous sommes simples témoins de la situation, nous ne nous identifions pas au problème, et nous parvenons à garder une certaine distance. Mais si c'est un membre de notre famille qui décède, nous sommes incapables de mettre en pratique ce que nous avons prêché, car nous sommes trop proches du problème et ne faisons plus qu'un avec lui. Nous perdons notre équilibre émotionnel. Il nous faut trouver le moyen de rester équilibré et détaché. » Nous ne pouvons pas changer une situation, ni qui que ce soit, ni maîtriser le futur ou obtenir la satisfaction ou la sécurité parfaites à partir de quelque chose d'extérieur. La seule solution, c'est d'acquérir la capacité d'utiliser notre monde intérieur pour dépasser la situation et la considérer à partir d'un niveau de conscience supérieur.

Ceci est l'essence de l'enseignement de la Bhagavad Gita. Je me demande si Peter Drucker (*1909-2005, Américain d'origine autrichienne, célèbre théoricien du management*) voulait dire la même chose quand il a déclaré : « On ne peut pas gérer le changement. On ne peut que le devancer. » Prenons le cas d'un lycéen indien qui désire étudier la médecine. La pression qu'il subit pour répondre aux attentes de ses parents est grande. Les examens de terminale déterminent son avenir professionnel.

Selon les notes qu'il obtient, il ira en faculté de médecine, en école d'ingénieur, école de commerce ou suivra une autre voie, qui n'implique pas d'études supérieures. Réussir cet examen représente un tel enjeu que les déceptions sont inévitables. La préparation des épreuves dépend de lui, mais pas le résultat. Pourtant, tout adolescent qui se présente à ce « Baccalauréat » et tous les parents, dans toute l'Inde, vivent dans une immense tension pendant cette période. Il y a là une véritable souffrance.

Au lieu de vivre sous la pression de la peur, de l'angoisse et du stress, de se ronger d'inquiétude en pensant au résultat de l'examen, ne vaudrait-il pas mieux faire preuve de bon sens et se concentrer sur ce qui est en notre pouvoir ? L'action est dans le présent. Il s'agit de mettre toute notre attention dans cette action. C'est la seule chose que nous maîtrisons. Nous n'avons aucun pouvoir sur l'avenir. C'est une vérité toute simple.

Quand le parent aide l'enfant à comprendre cela, le poids de la tension tombe de lui-même, n'est-ce pas ? Et ainsi, ils peuvent tous deux investir plus d'énergie dans l'effort à fournir, qu'il s'agisse d'enseigner ou d'étudier. S'ils ne sont pas attachés au résultat et acceptent le futur imprévisible, tout arrive, simplement. Si vous le pouvez, oubliez le fruit de l'acte quand vous agissez. Cela ôtera le fardeau de vos épaules et vous permettra de rester détendu et concentré.

Quel que soit votre domaine d'activité ou ce que vous essayez d'accomplir, il est bénéfique de pratiquer l'art de rester témoin, de demeurer détaché. Il augmentera la productivité de votre entreprise et améliorera vos capacités de gestionnaire. Encouragez également vos employés à s'y exercer. G.K. Chesterton (*1874-1936, écrivain et journaliste anglais, catholique, ami de l'humoriste G.B. Shaw*) a fait cette boutade : « Les anges volent haut dans les cieux parce qu'ils se prennent à la légère. » Afin de devenir plus léger et de prendre notre envol vers de nouvelles cimes, réduisons le poids de l'ego, le fardeau des attachements inutiles.

Considérons une situation potentiellement conflictuelle. Il y a des années que j'ai appris d'Amma à quel point il est important « d'être témoin » de ce qui m'entoure. Je comprends maintenant que nous sommes en fait spectateurs et que nous assistons au théâtre incroyable et complexe de la vie humaine. Il nous arrive de monter sur la scène, mais pour l'essentiel, notre rôle consiste à rester calé dans notre fauteuil et à regarder la pièce.

Lorsque nous adoptons une position de surplomb, nous jouissons de tous les points de vue, nous envisageons toutes les perspectives, notre pensée prend vraiment en compte la globalité.

J'ai un jour entendu Amma déclarer : « Pour sauver quelqu'un qui se noie, il faut garder une distance de sécurité tout en le tirant hors de l'eau, en le prenant par les cheveux. Sinon, la personne en danger entraînera le sauveteur vers le fond et tous deux périront. »

Lorsque nous sommes détachés du résultat, nous avons de meilleures chances d'atteindre notre but. De même, le fait de remplir nos obligations dans le monde en gardant un certain degré de détachement nous aide à rester vigilants et conscients en toutes circonstances. Pour citer Amma : « Un oiseau perché sur un rameau sec gazouille, mange ou même dort, mais il est prêt à prendre son envol à tout instant. Au moindre souffle de vent, il bat des ailes et est prêt à s'envoler car il sait que la branche risque de se briser à tout moment. »

Voici une histoire qui illustre cette attitude de témoin. Un cinéaste français, Jan Kounen, a réalisé un documentaire sur Amma, « Darshan, l'étreinte. » Ce film a fait partie de la sélection officielle du festival de Cannes en 2004. La projection eut lieu à Cannes le 18 mai, cette même année. Les organisateurs auraient voulu qu'Amma vienne au festival, mais comme elle ne voulait pas annuler le calendrier déjà établi, elle refusa poliment et me demanda de la représenter. C'est ainsi que je suis allé à Cannes, en tant qu'émissaire d'Amma.

Au cours de mon séjour, je dus prendre contact et frayer avec de nombreuses personnes travaillant dans l'industrie du spectacle. Je parlai donc à mes nouveaux amis du septième art, et participai à plusieurs fêtes, deux sur des yachts de luxe et d'autres dans des hôtels cinq étoiles. Au beau milieu de tout cela, je conservai l'attitude d'un témoin.

Quand je suis rentré, les gens étaient curieux de m'entendre raconter mon expérience. « Alors, qu'est-ce que ça vous a fait de marcher sur le tapis rouge et d'être à Cannes ? » Bien sûr, ils se disaient qu'en tant que *sannyasi* (moine), cela devait être pour moi une sensation bien étrange. Mais je leur ai répondu : « Je n'étais qu'un messager. J'y suis allé, j'ai participé au festival, comme Amma, mon chef, me l'avait demandé. Il me fallait remplir ma mission avec sincérité et amour, et c'est ce que j'ai fait. Mais comme j'étais pleinement conscient de ma fonction d'émissaire, j'ai pu demeurer simple spectateur tout le temps que j'ai passé là-bas. »

Lorsqu'on nous demande de jouer un rôle, faisons-le de notre mieux, sans nous identifier. Avant la projection du film, j'avais trois minutes pour présenter Amma et ses œuvres caritatives à un vaste public, qui n'avait jusqu'alors jamais entendu parler d'elle. J'ignorais tout de leurs penchants spirituels.

C'était peut-être la première fois dans l'histoire du festival de Cannes qu'un moine hindou était présent à la projection d'un film et représentait l' « héroïne » ! Il y avait là des gens du monde entier. La plupart travaillaient dans l'industrie du cinéma, étaient des passionnés ou encore venaient voir les stars. J'étais dans une situation délicate.

Je me demandais comment présenter Amma de manière adéquate. Il était exclu d'aborder le sujet de l'amour de Dieu ou de l'abandon à Dieu. Comment allais-je aider le public à établir un lien avec Amma ?

Ma plus grande crainte, c'était que le public, en voyant qu'un moine vêtu d'orange représentait l' « héroïne », ne tombe dans le jugement et rejette le film. Voilà ce qui risquait de se produire si je n'y faisais pas attention. Je fermai les yeux quelques instants pour me laisser aller à la contemplation. Une idée me vint soudain à l'esprit. Lorsque j'étais enfant et adolescent, mon désir était de devenir acteur et musicien. Pour être honnête, c'était à l'époque mon souci principal. Debout devant la salle comble, je déclarai : « Chers frères et sœurs, il y a vingt-six ans, avant que je choisisse, le but de ma vie était d'être acteur. Mais il s'est passé quelque chose qui m'a amené vers mon maître, Sri Mata Amritanandamayi Dévi – connue sous le nom d'Amma. »

Quand j'ai prononcé ces paroles, un lien s'est établi. La foule a ri et applaudi. Cela m'a donné confiance et j'ai continué : « Je suis très heureux de me trouver devant une telle assemblée de créateurs et de représenter Amma. Mes amis, grâce à votre art, vous avez le pouvoir d'exercer une grande influence sur des personnes du monde entier et de les transformer. Amma, elle aussi, transforme la vie des êtres humains grâce à des actes d'amour et de compassion, des actes simples mais d'une grande profondeur. » Le raisonnement, l'analyse logique, ne me furent d'aucun secours. Ce qui m'aida, ce fut la contemplation, le détachement et le rôle d'émissaire.

La projection du film se déroula bien, la salle était pleine et je pense que les spectateurs ont aimé le film. Avant de rencontrer Amma, mon rêve était d'être acteur. Néanmoins, la réaction de la foule ne me transporta pas de joie. Je n'ai pas non plus regretté d'avoir changé de route.

Je suis convaincu que la voie pour laquelle j'ai finalement opté, ou qui m'était offerte, est supérieure à toutes les autres. Et pourtant, voilà qu'un désir que j'avais longtemps chéri se réalisait pour un court instant. Dans le milieu du cinéma, participer au festival de Cannes est un grand honneur, c'est un moment mémorable. Tout le monde en rêve. Si la transformation qui m'a amené à choisir ma voie actuelle ne s'était pas produite, j'aurais exulté et j'aurais considéré qu'il s'agissait-là d'un moment capital de ma vie. Cela aurait même pu me faire tourner la tête. Mais quelque chose en moi a changé. Mon monde intérieur a changé. A Cannes je n'étais qu'un émissaire, venu accomplir une mission. Sous l'emprise des émotions extrêmes, nous risquons d'échouer. Il est important de garder une distance intérieure. C'est la capacité de rester observateur de ces expériences nouvelles qui m'a permis de prendre part aux fêtes et de participer au festival en restant calme, tranquille, détendu, capable de m'adapter à la situation. Et par-dessus tout, bien que je me sois trouvé face à un monde dont le centre d'intérêt n'avait rien à voir avec ma vie actuelle, j'ai réussi à bien jouer mon rôle en utilisant au maximum mon potentiel intérieur.

Cette expérience me fut peut-être donnée par la puissance qui transcende tout afin d'épuiser les résidus karmiques éventuels qui auraient pu demeurer profondément ancrés en moi ; c'était peut-être pour adoucir mon voyage intérieur. Le plus important, c'est que ce changement dans ma perception m'a permis de voir tout cela sous un jour positif et de réussir ma mission.

L'attitude du messager nous donne la capacité intérieure de prendre une certaine distance par rapport aux choses et nous aide à mieux comprendre la situation. Nous y gagnons en précision, notre vision s'améliore, notre efficacité y gagne. Lorsque cette faculté intérieure s'enracine plus profondément, nous acquérons la force de surmonter nos émotions les plus primitives. C'est alors que nous devenons le maître et que notre esprit, nos émotions deviennent nos serviteurs. Les circonstances extérieures, si tentantes soient-elles, ne nous influencent plus. En tant que dirigeant, nous acquérons plus de vitalité, de stabilité et de perspicacité. Notre capacité de nous adapter à toutes sortes de situations et d'expériences augmente en flèche. De même, lorsque les péripéties de l'existence ne nous troublent plus, notre capacité de penser, de décider et d'agir s'améliore. La position de témoin nous donne automatiquement plus de chances de réussir.

Ce qui mérite ici une mention spéciale, c'est la capacité immense d'Amma de voir et d'évaluer toute situation de manière impartiale, sans attachement. La plupart des gens croient que le détachement est malsain. Dans la vie ordinaire, on considère que l'attachement est ce qui donne du goût à la vie, en dépit du fait qu'il apporte rarement le bonheur. A l'inverse, Amma change de rôle en une fraction de seconde ; la vitesse et la facilité avec lesquelles elle passe d'un personnage à l'autre font tout le charme de sa personnalité, qui fascine et inspire. Quand elle change de rôle, Amma oublie complètement le moment précédent, le personnage qu'elle vient juste de jouer, et reste parfaitement concentrée sur le présent. Pendant qu'elle communique avec les membres de son équipe et leur donne des instructions, rien n'affecte son calme et sa tranquillité intérieure. Quelles que soient les circonstances, jamais Amma ne porte de jugement sur une personne ou une situation. Lorsqu'elle se montre sévère, cette attitude, l'émotion manifestée, n'affecte en rien son être intérieur et elle la quitte, comme un masque, avec une aisance et une dextérité absolues. Ses décisions sont rapides et quand elle passe à l'action, elle est méticuleuse jusqu'au bout.

CHAPITRE SEPT

L'aiguille et les ciseaux

D ans un article paru dans le *Mail online*, Amanda Williams (*née en 1946, juge américaine*) écrit : « Les grands chefs naissent, ils ne se fabriquent pas. Les savants affirment que leur cerveau fonctionne différemment. »

L'article continue ainsi : « Des recherches effectuées par l'armée auraient mis fin au débat : les grands hommes sont-ils créés par la nature ou par leur éducation ? Ils auraient découvert que les êtres les plus efficaces sont une espèce à part et que les connections dans leur cerveau sont différentes. Cette découverte pourrait révolutionner la manière dont les organisations évaluent et forment les chefs ; il s'agirait de scanner le cerveau pour identifier ceux qui ont le « gène du leader » quand ils sont jeunes et leur donner une formation adéquate. Il semble que ceux qui réussissent le mieux aient plus de matière grise dans les zones du cerveau qui contrôlent la prise de décision et la mémoire, ce qui leur donne un avantage vital quand il s'agit de prendre la bonne décision. Il y a des chefs nés. Ceux qui sont au sommet de la courbe en forme de cloche qui représente le nombre des dirigeants sont très bons dès le début et qui s'améliorent encore avec l'expérience.

Puis il y a ceux qui sont dans la partie inférieure de la courbe : dix ou quinze pour cent de gens qui, en dépit de tous leurs efforts, ne seront jamais de bons leaders. Ils ne sont simplement pas faits pour ça. Enfin il y a la partie médiane de la courbe, la plus large, où se trouve la vaste majorité. Et c'est dans ce réservoir que l'on peut puiser pour former des leaders. La plupart des gens qui m'interrogent n'y croient pas alors que c'est vrai : ceux qui sont dotés d'un minimum de capacité pour diriger peuvent devenir de très bons et même d'excellents leaders. »

Pour expliquer ceci, une courbe en forme de cloche ou « courbe de Gauss » désigne une distribution statistique appelée « loi normale ». La courbe a nettement la forme d'une cloche : plus développée dans la partie médiane que dans les parties inférieures et supérieures. Il est communément admis que cette courbe (*avec en abscisse les notes des étudiants et en ordonnée le nombre d'étudiants*) exprime la réussite des étudiants, dont seul un petit pourcentage, qui apparaît au sommet, obtient la mention A+.

La mention A, la suivante sur la courbe, est décernée à un nombre légèrement plus grand d'étudiants. La partie la plus large de la courbe correspond à la mention C. Malheureusement, un certain pourcentage des étudiants a le malheur d'échouer. Ils se trouvent dans la partie inférieure de la courbe, avec la mention F. Si l'on construit un diagramme, on obtient une courbe qui a nettement la forme d'une cloche.

Au milieu de ce débat qui oppose les leaders aux qualités innées et ceux aux qualités acquises, il serait injuste d'oublier une troisième catégorie de leaders, ceux qui possèdent des qualités divines. Des milliers d'années après leur passage sur terre, ces êtres rares et exceptionnels, ces guides, sont encore l'objet de l'admiration et de la vénération de millions d'êtres humains. Il est impossible d'analyser de manière exhaustive l'importance de ce groupe de dirigeants, tant est profonde l'empreinte qu'ils ont laissée dans les cœurs.

Leur présence qui inspire et transforme, leur œuvre indescriptible, leur amour inconditionnel et leur compassion pour l'ensemble de l'humanité et les autres formes de vie, la puissance de leurs paroles et le charisme qui émane de leur être, ne peuvent que nous émerveiller. Ils sont considérés comme des héros, des héroïnes et des modèles parfaits dans tous les domaines de la vie, et loin de sombrer dans l'oubli, ils sont chéris par la mémoire de l'humanité.

Le nombre des fidèles et des admirateurs de ces guides divins n'a pas d'équivalent. Aucun chef de parti politique, aucune célébrité, aucun autre être humain connu dans le passé, le présent ou le futur n'a ou n'aura autant d'adeptes.

Amma nous dit : « L'intellect, la logique, ressemble à une paire de ciseaux tandis que le cœur est une aiguille. L'intellect coupe tout en morceaux et le cœur coud ensemble des pièces différentes. Il ne suffit pas de couper le tissu correctement. Il faut aussi assembler les morceaux et les coudre, si l'on veut confectionner un vêtement. En réalité, nous avons besoin et du cœur et de l'intellect : de l'intellect pour penser et du cœur pour donner de la cohésion à nos pensées. Ensemble, ils protègeront notre vie. Sinon, celle-ci restera en morceaux, utiles, mais tout aussi nuisibles. »

Dans la mesure où nous fonctionnons essentiellement avec la logique et l'analyse, il nous est difficile de comprendre un guide de l'envergure d'Amma. Mais c'est oublier la vérité suivante : la vie elle-même n'est pas logique.

Notre monde paraît être victime du « syndrome du mille-pattes ». Voici un court poème qui décrit magnifiquement la situation actuelle de l'humanité :

Un mille-pattes vivait heureux et tranquille.
Voilà qu'un jour un crapaud,
ayant la plaisanterie facile,
lui demande : « Eh mon cher lourdaud,
savez-vous dans quel ordre
avancent vos pattes ? » Sans répondre,
perplexe et paralysé par le doute,
le mille-pattes dans le fossé s'effondre
Incapable de continuer sa route.

Il s'agit d'un poème anonyme mais l'une des fables d'Esope (*620-544 avant JC. Fabuliste de la Grèce antique, mentionné par Aristote et Hérodote. Il était esclave.*) traite d'un sujet similaire, à cela près que le crapaud facétieux est chez Esope un lapin. Un psychologue anglais du nom de Georges Humphrey (1889-1966) a déclaré à propos de ce poème : « C'est là un poème qui contient une vérité psychologique très profonde. On la retrouve dans la vie quotidienne de chacun d'entre nous. »

Qui que vous soyez, quoi que vous fassiez, il est stupide de s'appuyer uniquement sur l'intellect et la logique. La logique a sa place, et l'inconnu aussi. Un intellectuel, avec sa forte tendance à tout analyser logiquement, sera incapable d'aider un être qui se retrouve dans une situation aussi tragique que le mille-pattes. Si l'on y regarde de plus près, le poème révèle que les êtres humains se trouvent devant un dilemme similaire. La seule différence, c'est que nous n'avons besoin de personne pour poser la question. Notre esprit fait les questions et les réponses, il produit son propre monologue ! Le problème, c'est qu'il ignore quelles sont les questions justes, si bien que les réponses sont forcément fausses et qu'au lieu d'avancer, nous déraillons.

Nous avons certes besoin de règles pour organiser notre vie et contrôler nos activités quotidiennes. Mais nous devons comprendre aussi que la vie n'est pas une équation mathématique. L'esprit possède deux compartiments : l'un est mécanique et l'autre naturel. Une partie de nous fonctionne comme une machine et l'autre est spontanée. Il s'agit donc d'accorder une importance égale à la logique et à la facette mystérieuse de la vie. Sinon, sous une apparence extérieure méthodique, nous serons intérieurement déséquilibrés.

Une action répétée devient une habitude, nous ne l'accomplissons plus en conscience mais mécaniquement. En réalité, la plupart des gens aiment procéder ainsi car cela leur évite dans

une certaine mesure l'effort de penser. Nous effectuons mécaniquement des tâches quotidiennes telles que se brosser les dents,
se doucher, manger, et bien souvent parler et ce qu'on appelle
« écouter ».
La partie mécanique de notre esprit est peut-être nécessaire
pour accomplir certains travaux. Mais ne permettons pas à cette
partie de notre esprit de nous gouverner totalement. Comme le dit
Amma : « Dans le monde moderne, on n'accorde pas à l'individu
l'importance qu'il devrait avoir. On ne considère que les compétences. Les êtres humains sont réduits à l'état de machines. » La
partie spontanée de l'esprit, en revanche, est une énergie pure,
claire comme le cristal. Elle est plus proche du tout. Une fois
que nous avons établi un lien avec cet aspect de l'esprit, il agit
comme un sauveur dans de nombreuses situations difficiles, non
seulement au niveau personnel et familial, mais aussi au niveau
professionnel.

L'une des qualités les plus importantes d'un bon leader, c'est
la capacité de voir ce qui se cache sous la surface de la situation,
qu'il s'agisse de la cellule familiale ou de la vie professionnelle.
En d'autres termes, il s'agit de développer un talent particulier
qui nous permet, en toute conscience, de passer du mécanique au
spontané lorsque cela s'avère nécessaire. Quelle est la différence
entre les deux systèmes ? Ouvrir les pétales d'un bouton de fleur ou
bien laisser le processus se produire naturellement, voilà comment
on pourrait la décrire. Amma dit : « Lorsque nous ouvrons un
bouton de fleur, la beauté et le parfum de la fleur sont détruits.
Si par contre nous laissons la fleur s'épanouir naturellement, sa
beauté et son parfum se révèlent dans leur plénitude. »

La vie ne s'épanouit que si nous associons l'aspect logique
et l'aspect mystérieux en proportions égales. Le problème surgit
lorsque nous restons coincés dans la tête, oubliant de retomber
dans le cœur. Usons et du cœur et de l'intellect avec brio, sans

pencher d'un côté ou de l'autre, comme nous accordons à nos deux jambes une importance égale. Si nous pensons que la jambe droite a plus d'importance que la gauche ou inversement, nous finirons infirmes. Quand vous employez la logique, faites-le complètement, quand vous voulez être dans le cœur, soyez-y entièrement.

C'est cela vivre chaque instant, c'est cela l'art de vivre dans le présent. Nous vivons dans un monde où les gens ont peur de sourire ou même de dire une parole aimante parce que l'esprit traduit tout en termes d'argent. « Si j'écoute ses problèmes, si je lui souris ou si je dis une parole pour le consoler, il finira par me demander une aide financière. »

Certains aident les autres quand on le leur demande, mais la plupart ne le font pas spontanément. Un vrai chef n'hésite pas à tendre la main à ceux qui sont dans le besoin, il laisse parler le cœur plein d'amour et la compassion, sans s'interroger sur la logique d'une telle action.

Voici un exemple de la manière dont Amma fait appel au cœur plutôt qu'à la logique. C'était en 1989. Depuis longtemps, nous chérissions le projet de construire une salle de prière sur le terrain où nous vivions. C'était un vieux rêve, que nous allions enfin pouvoir réaliser.

Les gérants d'un orphelinat près de Kollam, dans le Kérala, avaient depuis des années les plus grandes difficultés à subvenir aux besoins des enfants qu'on leur avait confiés. Ils arrivaient au bout de leurs ressources et, ne trouvant pas d'autre solution, ils s'apprêtaient à mettre les orphelins et les enfants de familles défavorisées à la rue. C'est alors que quelqu'un leur suggéra, avant d'en arriver à cette extrémité impensable, d'aller voir Amma et de lui expliquer la terrible situation.

C'est ce qu'ils firent et Amma, apprenant leur détresse, décida aussitôt que les fonds qui avaient été donnés pour construire le premier temple de son Centre spirituel, en fait la première construction en dur, seraient consacrés à l'orphelinat. C'est ainsi qu'elle posa la première pierre d'un autre temple, un temple de compassion.

Amma aurait pu aisément considérer qu'un temple était plus important qu'un orphelinat, d'autant plus que cette institution croulait sous une dette énorme. En outre, la plupart des Hindous sont très attachés aux temples et par conséquent, s'ils font un don en vue de la construction d'un temple ou d'une salle de prière, ils veulent que cet argent soit employé à cet usage exclusif. Si Amma avait pris une décision logique, elle aurait opté pour le temple, si longtemps attendu, et auxquels les fonds étaient censés être consacrés. Mais sa décision jaillit du cœur, spontanée, et l'argent fut dédié à l'orphelinat et non à la construction du temple.

Cet orphelinat existe encore aujourd'hui, mais il est méconnaissable si on le compare avec ce qu'il était avant qu'Amma ne prenne en charge les bâtiments, les terrains et les enfants. En raison de la situation financière désespérée de l'équipe gestionnaire de l'époque, lorsque les bénévoles d'Amma sont arrivés, les enfants étaient livrés à eux-mêmes, mal nourris et les bâtiments se trouvaient dans un état déplorable. On disait même que les enfants commettaient divers méfaits tels que le vol et étaient utilisés par certains criminels pour satisfaire leurs désirs égoïstes.

Aujourd'hui, les enfants étudient et jouent dans un cadre sûr. Cet établissement est maintenant une des écoles les plus reconnues du Kérala car les enfants y excellent non seulement dans les matières académiques mais aussi en musique, en sport et en danse. Ils remportent souvent le premier prix dans des compétitions au niveau local ou au niveau de l'état du Kérala. Les bénévoles s'assurent que les enfants, au cours de leurs études, acquièrent une solide culture du cœur. Plus de 35 % d'entre eux poursuivent en outre des études supérieures, entièrement financées par notre ONG.

Booker T. Washington déclare : « C'est en s'appliquant dans les petites choses, plutôt que dans les grandes, que l'on réussit dans la vie ; en étant attentif aux détails de la vie quotidienne, si proches de nous, plutôt qu'à ce qui est éloigné et peu commun. »

Voici une belle histoire, vraie, qui parle de Joseph Rudyard Kipling (*1835-1936*), le célèbre écrivain, romancier et poète anglais, (*auteur du Livre de la Jungle*). Il acheta un jour une ferme sur un terrain vallonné. Sa femme et lui y passaient leur vacances pour se reposer de leur vie citadine, très affairée.

Un matin, le couple sortit pour une promenade. Ils rencontrèrent une très vieille femme, courbée par l'âge, qui boitillait en s'appuyant sur un bâton. Elle savourait avec gratitude l'air frais et le soleil du matin. Quand elle vit Kipling et sa femme, elle leur demanda : « Est-ce vous qui avez acheté la ferme au sommet de la colline ? »

Kipling retira poliment son chapeau et lui dit : « Oui, madame, » « Y résidez-vous maintenant ? » demanda la vieille femme d'une voix tremblotante.

Cette fois, ce fut madame Kipling qui répondit : « Oui, grand-mère. »

« Alors ce sont sans doute vos fenêtres qui brillent la nuit, » dit la vieille femme.

« Oh, oui ! »

« Oh merci, merci ! s'exclama la vieille femme, vous ne pouvez pas savoir, vous ne pouvez pas imaginer le réconfort que m'apportent ces fenêtres éclairées ! C'est que je suis vieille et seule. La lumière qui brille à vos fenêtres me rend heureuse et joyeuse. »

« Je suis si content, dit monsieur Kipling chaleureusement, grâce à vous nous avons le sentiment d'être les bienvenus ici, d'être acceptés par les gens du voisinage. »

« J'espère que vous allez rester longtemps, dit la vieille femme, inquiète, et que vous viendrez souvent. »

« Nous l'espérons aussi, madame, » dit Kipling.

« Oh, très bien », s'exclama la femme joyeusement. « Continuez à garder vos lumières allumées – elles me font tellement de bien ! »

« Nous vous le promettons» affirma l'écrivain distingué.

Quelques jours plus tard, ils quittèrent la ferme après de courtes vacances. Par sollicitude, ils demandèrent au gardien d'enlever les rideaux des fenêtres et de garder la lumière allumée toute la nuit, chaque nuit.

Amma dit : « De petits gestes d'amour, une parole aimable, un petit acte plein de compassion, tout cela crée un changement en nous et en autrui. » Donc, commençons par de petits actes d'amour et de tendresse.

Chanakya, professeur d'économie et de sciences politiques à l'antique Université Takshashila, auteur de l'ancien traité politique indien *Arthasastra* (Economie), déclare : « Le parfum d'une fleur ne se répand que dans la direction du vent. Mais la bonté d'une personne s'exhale dans toutes les directions. »

CHAPITRE HUIT

Comme le flot d'une rivière

Quand on demande à Amma si le grand nombre de gens réunis autour d'elle sont ses fidèles, ses disciples, Amma répond :
« Il n'y a ici qu'une mère et ses enfants. Il n'y a ni guru, ni disciple. » La relation entre la mère et l'enfant est le seul amour réciproque. C'est un cercle. Il coule et relie.

Ce lien personnel, de cœur à cœur, qu'Amma sait créer, est l'un des secrets de sa réussite. Parmi toutes les relations humaines, le lien entre la mère et l'enfant est le plus étroit, le plus puissant. L'amour, la liberté, l'humilité et l'unité que nous ressentons en présence de notre mère créent la relation la plus spontanée et la plus naturelle que l'on puisse imaginer.

Amma se compare souvent à une rivière. Elle déclare : « Je suis comme un cours d'eau. Certains s'y baignent, d'autres y lavent leurs vêtements. Certains vénèrent la rivière tandis que d'autres crachent dedans. Mais elle les accepte tous sans rejeter personne. Elle continue à couler. »

Imaginons que vous exprimiez votre reconnaissance pour les services rendus par une baby-sitter ou une servante. Elle accepte les compliments avec gratitude. Mais une mère qui a vraiment mesuré la noblesse du don que les femmes ont reçu de Dieu, de la maternité, dira : « Je n'ai pas assez fait pour mon enfant. Je peux encore faire beaucoup pour mon bébé. » Le cœur d'une mère aspire à faire toujours plus pour son enfant. Si au contraire elle se vante de l'amour et de l'attention qu'elle lui a accordés, des sacrifices qu'elle a endurés pour l'élever, alors son attitude n'est pas différente des attentes d'une servante ou d'une baby-sitter. En d'autres termes, tout le soin et la sollicitude accordés ont un prix tandis qu'une mère, elle, n'a aucune attente, mais pense toujours à ce qu'elle peut encore faire pour ses enfants.

Amma raconte l'histoire d'une petite fille qui avait été hospitalisée. Le jour de sa sortie de l'hôpital, la petite fille dit à son père : « Les infirmières m'ont témoigné beaucoup d'amour et d'affection, les aides-soignantes aussi. J'ai parfois eu le sentiment qu'elles m'aimaient plus que maman et toi. » A ce moment-là, un employé de l'hôpital apporta la facture au père. La petite fille demanda, curieuse : « Qu'est-ce que c'est ? » Son père lui répondit : « C'est la facture de l'amour qu'ils t'ont témoigné. »

Om Saha Nau-Avatu|
Saha Nau Bhunaktu |
Saha Viiryam Karava-Avahai |
Tejasvi Nau-Adhii-Tam-Astu
Maa Vidviss-Aavahai |
Om Shaantihi Shaantihi Shaantihi |

Il s'agit d'un mantra de paix très connu, tiré des Upanishads. Il signifie :

Om, puisse Dieu nous protéger tous deux
(le maître et l'élève)
Puisse Dieu nous nourrir tous deux,
Puissions-nous travailler ensemble
avec énergie et vigueur,
Puisse notre étude nous éclairer,
Sans engendrer d'animosité,
Om paix, paix, paix.

Avant de commencer un discours religieux ou un cours sur les Ecritures, on chante généralement ce mantra. L'unité et l'humilité, qui sont l'essence de ce mantra, ont toujours fait partie intégrante du système des *gurukulas* dans l'Inde ancienne. Bien qu'il ne soit plus très répandu aujourd'hui, ce système existe encore dans certaines parties du pays, sous une forme très modifiée.

Dans l'Inde ancienne, la plupart des *gurukulas* étaient situées dans des lieux paisibles et isolés, où la nature était généreuse. A l'époque, les enseignants et les maîtres étaient souvent des chefs de famille dont le niveau de conscience et de maturité était extrêmement élevé. Leur sagesse et leur compassion étaient infinies. Ils possédaient de l'expérience et des connaissances immenses dans tous les domaines de la science et de la philosophie. Cependant, bien qu'ils fussent établis dans un état de perfection et de contentement, ces maîtres n'avaient pas d'ego. C'est pourquoi, dans la prière, les mots « tous deux » ont une grande importance. Les maîtres de jadis n'avaient rien à perdre, rien à gagner, ils demeuraient pourtant humbles et permettaient aux disciples de se sentir complètement détendus, comme chez eux. L'atmosphère ainsi créée, le message transmis par leurs actions, était : « Il n'y a pas de différence entre toi et moi. Je ne suis pas supérieur à toi. Nous ne faisons qu'un, nous sommes égaux devant Dieu. » Cette leçon simple et profonde « d'humilité et d'unité » aidait les élèves à développer un lien avec le maître. Ils pouvaient ainsi rester complètement ouverts au maître et écouter ses paroles avec un esprit et un cœur réceptifs. Alors, sans ordinateur portable, sans iPad ni tablette, sans téléphone portable et même sans livre ni cahier, les maîtres enseignaient et les enfants apprenaient, parce qu'il existait une communication de cœur à cœur. L'enseignement le plus puissant était donné par l'exemple. Eclairés par l'humilité et l'amour, le maître et l'élève travaillaient main dans la main dans un profond sentiment d'unité, la tête et le cœur progressant ensemble.

« Je chéris trois qualités comme un trésor. La première est la douceur, la seconde la générosité, la troisième l'humilité, qui fait que je ne fais pas passer mon intérêt avant celui d'autrui. Soyez doux et vous pourrez être hardi, soyez généreux et vous pourrez être libéral, évitez d'être égoïste et vous pourrez être un chef parmi les hommes. »

Lao Tseu

Que vous soyez chef de famille, d'une organisation ou d'un pays, si votre attitude est pleine de sollicitude, d'humilité et si vous avez tendance à sacrifier vos intérêts et votre confort personnels (faisant passer les besoins des autres avant les vôtres), alors vous avez les caractéristiques qui vous rendent incomparable. On se souviendra de vous, on vous adorera, on vous aimera comme un être irremplaçable. Votre nom et vos actions demeureront un phare pour l'humanité.

Selon la tradition de l'Inde ancienne, le roi était censé considérer ses sujets comme sa propre famille et le pays comme son foyer. Etant donné la pollution mentale et atmosphérique qui règne aujourd'hui, cet antique concept n'est plus guère applicable. Cependant, même si on ne le prend pas au sens littéral, un PDG, un dirigeant, devrait considérer ses employés comme une extension de sa famille. Le facteur clé, c'est la touche personnelle, l'esprit d'humanité.

En 2013, lors de la tournée aux USA, Amma se trouvait à Washington DC quand le journaliste Laurie Singh lui demanda : « Vous êtes aujourd'hui au Capitole. Avez-vous un message pour le Président Obama et sa famille ? » La réponse d'Amma ne s'adressait pas uniquement au président Barack Obama, mais à tous ceux qui ont des positions de dirigeant dans le monde. « Le président appartient aux citoyens de ce pays, il appartient à ses sujets et sa famille, c'est la nation toute entière. Puisse-t-il servir son pays de son mieux, puisse-t-il avoir la compréhension profonde et la capacité de remplir ses devoirs, de prendre soin des gens de sa nation. Puissent-ils, lui et sa famille, être toujours heureux et en paix. »

Dave Packard, co-fondateur de Hewlett-Packard, créa le concept de *Management by Walking Around* (MBWA), (*Manager à l'aide de la promenade*) qui fut mis en vedette par Tom Peter dans son livre *In Search of Excellence* (*En quête d'excellence*). M. Packard croit à une méthode où le manageur se promène dans le bureau ou dans l'usine et interagit avec les employés. Grâce à cette technique, non seulement le patron a un aperçu du secteur des employés, mais ceux-ci se sentent pris en compte ; il se crée un lien entre eux et la direction.

En fait, lorsqu'elle voyage en Inde ou à l'étranger, Amma rend tout le monde heureux en visitant les différentes sections de ses centres. Elle visite la cuisine, les chantiers, l'imprimerie, l'hôpital caritatif, l'étable, etc. Dans le Centre principal, au Kérala, Amma sert le déjeuner tous les mardis à tous les résidents et invités. Elle mange avec eux, chante et danse avec eux, et répond à leurs questions. Cela fait partie intégrante de tous les tours d'Amma et des activités quotidiennes. Cette atmosphère intime, cette attention personnelle, sont un soutien immense pour ses ceux qui la suivent. Ces moments ont un effet magique, ils stimulent l'enthousiasme des gens et élèvent leur conscience. De plus, pendant les tournées à l'étranger, Amma sert à dîner à toutes les personnes présentes, enchantées de recevoir leur assiette directement des mains d'Amma.

Que ce soit au Centre principal, dans le Kérala, ou dans une de ses filiales, il arrive parfois qu'elle sorte de manière inattendue et fasse soudain une ronde, inspectant toutes les sections. Elle s'assure que tout est propre et en ordre. Ces inspections se déroulent généralement la nuit, souvent après minuit. Quelle que soit l'heure, dès qu'Amma sort, elle est entourée de résidents qui la suivent.

Lors d'une de ces tournées de *Management by Walking Around* (MBWA), (*Manager à l'aide de la promenade*), Amma marcha soudain sur un clou, dans un chantier de construction. Elle le ramassa et le montra à tous. Puis elle dit d'une voix sérieuse : « Regardez. Ignorez-vous que parmi les milliers de gens qui viennent ici, il y a beaucoup de travailleurs qui vivent uniquement de leurs gains quotidiens ? Et si ce clou rentrait dans le pied d'un de ces pauvres ouvriers ? Ignorant la gravité de la blessure, il se pourrait qu'il ne la soigne pas. Comme c'est lui qui gagne le pain de toute la famille, s'il reste chez lui et se repose, sa femme et ses enfants n'auront rien à manger. Il sera donc obligé de travailler malgré la douleur. La blessure risque de s'aggraver et même de s'infecter. Alors cet homme sera cloué au lit pendant des semaines ou même des mois. Sa famille, privée de nourriture et de tout le nécessaire, souffrira. C'est un scénario possible, n'est-ce pas ? Avez-vous jamais songé à cela ? Chacun d'entre nous serait responsable de la misère de cette famille si jamais cela arrivait à un visiteur. Par notre manque de vigilance et de sollicitude nous causerions la souffrance de toute une famille. Ce n'est qu'un petit clou, mais il pourrait plonger dans la misère un malchanceux. Si jamais une telle chose se reproduit, soyez assurés que je prendrai la responsabilité de balayer et d'enlever les ordures. »

Il arrive qu'Amma trouve des sacs contenant des restes de ciment ou des morceaux de briques abandonnés. Elle s'assied aussitôt et ramasse tout cela, donne instruction aux résidents de les utiliser pour faire de petits travaux, de petites plaques de ciment, ou bien pour combler et niveler le sol.

Quand Amma visite la cuisine et l'endroit où on coupe les légumes, elle se dirige d'abord vers les immenses poubelles. Elle en inspecte le contenu et y plonge même parfois la main pour s'assurer qu'il n'y a pas de gâchis de nourriture. Si elle trouve des épluchures trop épaisses, elle convoque aussitôt les personnes qui coupent les légumes. Elle montre ce qu'elle a trouvé dans la poubelle et explique qu'en gaspillant la nourriture, nous privons une famille affamée de la nourriture qui lui reviendrait de droit, nous la lui volons. Puis elle montre comment couper les légumes correctement.

Certains ont l'habitude de cueillir une feuille ou une fleur, de casser une petite branche d'une plante ou d'un arbre en marchant ou bien en faisant la conversation. Chaque fois qu'Amma voit quelqu'un agir ainsi pendant ses rondes de nuit, elle le réprimande aussitôt en disant : « Tu ne comprends pas. Ils dorment. Il est cruel de les réveiller. Imagine ce que tu ressentirais si quelqu'un te secouait vigoureusement pendant que tu dors. Est-ce que cela ne te donnerait pas un choc ? C'est la même chose pour les plantes et les arbres. Même si tu n'en as pas conscience, tu blesses également la plante en cueillant une feuille sans raison. » Puis Amma insiste pour que la personne demande pardon à la plante.

En tant que leader, Amma sait parfaitement employer son autorité, sans jamais blesser. Elle sait se montrer un coach brillant, elle sait parfaitement quand écouter, quand imposer une décision et quand garder le silence. Mais tout en déployant une grande habileté dans la gestion, Amma ne juge jamais rien ni personne. Rien n'affecte donc son humeur, toujours agréable et joyeuse.

Elle utilise les émotions pour exprimer son désaccord ou le fait qu'elle est contrariée et il lui arrive d'employer des termes très forts. Mais il s'agit là de masques qu'elle peut mettre ou retirer à son gré. En essence, sa nature est compassion et amour. La pureté de ses intentions demeure donc intacte. Gérer, ce n'est pas se promener la mine orgueilleuse, en affichant son ego, en donnant des ordres et en exerçant son autorité. Il s'agir d'apprendre à être humble. L'humilité, c'est le premier pas vers un bon management.

Inspirés par l'exemple d'Amma, nous avons atteint l'objectif « zéro déchet » au MAM central (*Amritapuri*). « *Réduire, réutiliser et recycler* », telle est la devise d'Amma.

C'est en 2011 qu'Amma lança *Amala Bharatam, Clean India Campaign* (ABC), une campagne pour la propreté de l'Inde. Le but était de créer dans l'opinion publique une conscience de la nécessité de préserver la propreté de l'environnement et de protéger la nature.

Le début de ce programme fut un vrai big bang et les bénévoles l'ont appliqué avec succès depuis le commencement. L'action de nettoyage que nous allons raconter est un exemple classique de MBWA (*Gestion à l'aide de la promenade*). Pendant tout ce temps, Amma a permis aux gens de voir qu'elle s'impliquait dans le travail et qu'elle faisait partie de l'équipe.

Lors de son tour du nord de l'Inde annuel, Amma s'est rendue à Kolkota (Calcutta) en janvier 2013. C'était un programme de deux jours, les 19 et 20 janvier et lors de ces deux jours, Amma est restée assise pendant plus de 12 heures à donner son darshan emblématique à la foule. Le deuxième jour, vers dix-huit heures, Amma a annoncé qu'il fallait nettoyer la route proche du Centre où se tenait le programme et qu'ainsi, ABC serait lancé à Calcutta. Elle désigna des bénévoles pour aller inspecter le terrain et acheter l'équipement nécessaire à l'opération.

Quand le darshan se termina, vers vingt-trois heures, Amma se leva de la scène et marcha jusqu'à Budge Budge Trunk Road, la rue très fréquentée qui passe devant le Centre. Accompagnée de plus de huit cents bénévoles, Amma passa ensuite trois heures à nettoyer trois kilomètres de cette route. Elle enfila elle-même des gants, mit un masque et s'attaqua à la saleté accumulée depuis des années. Tout le monde se déploya le long de la rue pour ramasser des ordures de toutes formes, de toutes tailles et aux odeurs variées et les mettre dans des sacs. Après avoir ratissé, pelleté et gratté les ordures pendant trois heures, Amma fit à pied les trois kilomètres pour observer les bénévoles, qui travaillaient dur, et leur exprimer sa reconnaissance. Pendant qu'elle rentrait au Centre, un gros camion arriva pour ramasser tous les sacs qui avaient été remplis d'ordures.

Au cours de la nuit, beaucoup d'habitants du quartier furent réveillés par des rires qui fusaient : des personnes venues du monde entier, totalement inconnues, nettoyaient la rue, dans la joie. Beaucoup d'entre eux ouvrirent leur porte et sortirent, l'air stupéfait, pour voir quelle était cette fête inattendue que l'on célébrait dans le froid de la nuit. La police étonnée nous aida à détourner la circulation. Le lendemain matin, quand Amma et le groupe qui la suivait partirent pour Odisha, leur étape suivante, la rue était impeccable.

Depuis son lancement, Amala Bharatam a organisé des actions de nettoyage dans toute l'Inde. Plusieurs gouvernements des états de l'Inde ont promis leur soutien à la campagne et ont couvert les frais d'actions de nettoyage dans leur état.

Voici comment le *Times of India*, un des quotidiens anglais les plus importants de l'Inde, rapporta la nouvelle : « Dans le cadre du lancement d'ABC, Amma et ses centaines de disciples et dévots ont balayé et nettoyé un tronçon de trois kilomètres de Budge Budge Road, près de Sarkarpool. Cette action s'est déroulée dans la nuit du dix-neuf au vingt janvier, alors qu'Amma venait de donner le darshan à des milliers de dévots à l'intérieur de l'ashram. »

Comme le proclame le verset sanscrit cité au début de ce chapitre, pour Amma, il n'y a pas de « moi » ni de « toi ». Le sentiment « je suis supérieure, tu es inférieur » n'existe pas en elle. Il n'y a que « nous, la mère et les enfants. »

La Bhagavad Gita affirme : « Les grands êtres considèrent d'un même œil un érudit doté d'humilité, une vache, un éléphant et même un chien ou un paria. »

Amma conseille : « Nous n'avons jamais fini d'apprendre. Soyez donc toujours des débutants, ayez l'attitude d'un enfant. L'humilité remplit le cœur et diminue l'ego. »

CHAPITRE NEUF

Le contentement, la vraie richesse

Selon Amma : « Quand on se concentre uniquement sur l'action, non sur le résultat, le contentement survient spontanément. Si notre attention passe de l'action au résultat, la joie et la satisfaction font place à l'angoisse et à la peur. Être content, c'est être centré.

Je ne suis pas hostile à l'argent ni aux richesses et ma vision de la vie, que j'ai apprise d'Amma, ne s'oppose pas à la fortune. Constatons néanmoins que le fait d'être nanti et de posséder d'immenses richesses pose en soi un problème : comment savoir alors ce que les gens recherchent vraiment, ce qu'ils aiment réellement. Est-ce nous ou notre argent ? La réponse nous échappera toujours. L'argent est certainement un moyen, mais il serait peut-être utile de réfléchir : voulons-nous oui ou non en faire notre but ultime ? Ce qui est intéressant, c'est qu'une personne heureuse qui fait fortune verra probablement son bonheur augmenter. Inversement, un homme riche malheureux sera encore plus triste au milieu de l'abondance.

Les maîtres spirituels faisaient autrefois l'éloge de *tripti*, le contentement. Ces sages insistaient sur l'importance d'une chose : être satisfait des biens que l'on possède. En professant *tripti*, ils ne parlaient pas de la production des richesses ou de la réussite, mais de la possession elle-même. « Tu peux aller de l'avant et faire des profits » disent-ils, « mais n'en fais pas le fondement de ton contentement. N'allez pas croire que le bonheur est lié à la prospérité. » Un ignorant qui avait mal compris le message décida que cela signifiait qu'il ne fallait pas travailler, qu'il ne fallait pas s'efforcer de réussir dans la vie. Mais une telle interprétation ne correspond pas au message des maîtres spirituels.

Voici donc que nous avons créé un lien illusoire entre l'argent et le bonheur. Nous avons de l'argent, nous sommes heureux, nous n'en avons pas, adieu le bonheur ! Mais il s'agit-là en fait d'une illusion créée par notre esprit, par l'ego.

Le contentement consiste à apprécier ce que nous avons et à ne pas convoiter ce que nous n'avons pas. Une fois que nous avons coupé ce lien illusoire entre l'argent et le bonheur, nous voyons bien que ce dernier ne dépend pas de nos revenus. Peu importe que nous ayons trente mille, cent mille ou un million d'euros par an. En réalité, c'est ce contentement qui fait qu'un homme d'affaires peut contribuer réellement à la croissance de la nation. Une fois qu'il a pourvu à ses besoins et à ceux de sa famille, il peut utiliser le reste de sa fortune pour aider les pauvres de la nation, les éduquer et les loger, pour secourir les victimes de catastrophes naturelles, etc.

Il s'agit donc d'estimer nos besoins et de devenir ensuite des philanthropes, de regarder au-delà de notre cercle familial et de considérer le monde entier comme notre famille. Embellissons non seulement la demeure de nos enfants, mais aussi le monde dans lequel ils vivent.

J'ai récemment fait la connaissance de R.N. Ravi, ancien officier de police à la retraite, qui venait juste de quitter le poste de Directeur Spécial des Services Secrets. Il est actuellement conseiller du Ministre de l'Intérieur. C'est un gentleman très affable et respecté. Sa femme et lui ont adopté deux enfants qui vivaient dans les rues de Delhi et les ont élevés en même temps que leurs trois enfants biologiques.

Tout en me racontant quelques unes de ses expériences, il me dit : « Je fais ce genre de choses parce que cela m'apporte beaucoup de joie ; cela aide mon cœur à s'ouvrir. Je vis dans le contentement. Je crois au destin et au karma, mais je crois plus encore à la grâce de Dieu. Dans ma vie, Dieu m'a toujours montré le droit chemin, ce que je devais faire. Il nous utilise simplement comme ses instruments. »

Ravi me raconta quelques belles anecdotes du temps où il occupait le poste de Chef de la Police dans un des districts du Kérala. Il avait demandé à ses subordonnés de placer des boîtes à lettres dans les différents quartiers de la ville. « N'importe qui pouvait mettre une lettre, une plainte ou une suggestion dans la boîte, signée ou pas, me dit-il. Chaque soir, mes hommes relevaient le courrier et me l'apportaient. Cela nous a aidés à mieux servir les habitants en leur tendant la main, au lieu d'attendre qu'ils viennent au commissariat, ce qui n'est pas toujours une expérience agréable pour eux. Je concevais mon travail comme une mission divine, dans laquelle je devais m'efforcer de réduire la souffrance des gens et d'essuyer leurs larmes. Le résultat de cette expérience a été une baisse spectaculaire de la criminalité dans le district. »

Il reçut un jour un mot d'un petit garçon : « Monsieur le Policier, chaque jour j'attends sur le bas-côté de la route le bus qui m'emmène à l'école. Sous la chaleur du soleil, le goudron qui recouvre la surface de la route fond et colle à mes chaussures. Est-ce que tu peux faire quelque chose, Monsieur le policier ? » A vrai dire, cela ne faisait pas partie de ses attributions. Il aurait pu négliger le message du petit garçon en prétextant quelque vague excuse. Mais l'officier de police appela aussitôt le département des Travaux Publics et leur demanda de réparer cette rue, ce qu'ils firent.

Ravi continua : « Une autre fois, je reçus une lettre d'une femme qui vivait dans un foyer pour personnes âgées. Voici ce qu'elle avait écrit : « Fils, nous sommes plusieurs à vivre dans asile pour personnes âgées. Nous sommes très vieux et malades. Il n'y a pour nous tous qu'un seul ventilateur fixé au plafond. Il est cassé depuis plusieurs semaines et personne ne se soucie de le réparer ou de le remplacer. Pourriez-vous nous aider, s'il vous plaît ? »

Là encore, cela n'était pas du domaine de ses responsabilités. Il aurait pu, comme le font la plupart, mettre la lettre à la corbeille et l'oublier. Mais ce n'est pas ce qu'il fit. L'officier de police acheta un ventilateur neuf puis, accompagné d'un électricien, il se rendit au foyer pour personnes âgées et fit poser le nouveau ventilateur. Tous les résidents, et surtout la vieille dame qui avait écrit la lettre, en furent très heureux et lui exprimèrent leur gratitude.

Il me dit : « Je garde encore ces lettres, je chéris ces expériences comme un trésor dans mon cœur et je médite sur elles. Cela me rappelle que j'ai non seulement un devoir envers ma propre famille, mais aussi envers la société, pas uniquement en tant qu'officier de police, mais en tant qu'être humain, en tant que personne envoyée par Dieu pour aider les autres, dans toute la mesure de mes moyens. Je suis *Son* messager, l'émissaire de Dieu. Le fait d'en avoir conscience m'apporte une joie et un contentement immenses. » En vérité, chacun de nous est un messager de Dieu. Il s'agit ici d'un officier de police intelligent, d'un professionnel qui utilise son cœur plus encore que sa tête dans son travail.

« Chacun de ceux qui ont reçu une mission est un ange. » C'est une citation de Maimonide, philosophe et astronome juif, un des commentateurs les plus prolifiques et les plus influents de la Torah, qui était en outre médecin.

C'est une erreur de croire que l'aiguille qui indique notre degré de joie va descendre si nous intégrons dans notre vie la valeur du contentement. C'est l'avidité qui nous induit en erreur. Il est important ici de rappeler une chose : Depuis les temps les plus anciens, la connaissance spirituelle n'a jamais consisté à nier la vie, mais à l'affirmer. Dans toute l'histoire de l'humanité il a existé des tyrans, des dictateurs, qui ont défendu cette philosophie opposée au contentement et l'ont imposée à leurs sujets, surtout aux couches de la société les plus faibles intellectuellement.

Quoi qu'il en soit, la vérité est que jamais un maître spirituel, ni en Orient ni en Occident, n'a jamais défendu une telle conception de la vie. Ils ont accepté la vie et les expériences variées qu'elle nous offre, à la différence près qu'ils n'acceptaient pas seulement le bonheur, le succès et les honneurs mais aussi le malheur, l'échec et le déshonneur. Ils ne maudissaient pas autrui ou la nature lorsqu'ils traversaient des expériences pénibles, ils assumaient bravement la responsabilité de la situation et disaient « oui » en souriant. Bref, ils estimaient la richesse intérieure à l'égal de la richesse extérieure et les accueillaient toutes deux. Ils appréciaient la richesse extérieure et la joie qu'elle apportait, mais dans le même esprit, ils donnaient toute sa valeur au contentement, comme richesse intérieure. Tel était l'équilibre parfait de leur vie. Pour eux, pratiquer le contentement était essentiel.

Un des textes des Ecritures indiennes, la *Taittiriya Upanishad*, donne une description en dix étapes de la richesse extérieure et du contentement. Imaginons que quelqu'un passe du niveau un au niveau deux de l'enrichissement. Parallèlement, un autre passe du niveau un au niveau deux dans la pratique du contentement. Si vous pouviez mesurer le degré du bonheur de ces deux personnes, vous découvririez que la seconde, en augmentant son degré de contentement, est cent fois plus heureuse que la première, qui recherche les biens extérieurs. Sans posséder tous les gadgets modernes, elle sera plus satisfaite et joyeuse qu'une personne riche qui ignore le contentement.

Le véritable contentement provient de l'aide désintéressée que nous apportons à ceux qui en ont réellement besoin. Aider autrui nous apporte la joie, parce que quand nous épaulons quelqu'un sans rien attendre en retour, notre cœur s'ouvre. Notre niveau de conscience s'élève. Lorsque nous aidons quelqu'un par altruisme, nous nous identifions à la joie ou au chagrin de l'autre, que nous en ayons conscience ou non. Nous nous voyons dans l'autre personne. Elle devient une extension de nous-mêmes et le sentiment de l'altérité disparaît.

Une émission de télévision très populaire aux Etats-Unis montre comment nous nous identifions à la personne que nous secourons. Certains des millionnaires américains les plus riches s'embarquent dans une aventure incroyable. Ils passent une semaine dans les quartiers les plus pauvres du pays et à la fin, ils récompensent un héros inconnu, qui s'est mis au service de la société, en lui donnant des centaines de milliers de dollars. Cette série se fonde sur le succès de la série anglaise du même nom. Chaque épisode du « Millionnaire secret » suit un des hommes d'affaires américains les plus fortunés pendant une semaine, au cours de laquelle il quitte le confort de sa demeure. Le millionnaire cache sa véritable identité et vit dans un des quartiers les plus pauvres du pays.

Il loge dans ce quartier et vit de l'aide sociale, tout en s'efforçant de repérer les personnes les plus altruistes de la communauté, les individus qui sacrifient tout pour secourir ceux qui sont dans le besoin et encouragent les autres à faire de même.

C'est ainsi qu'Amos Winbush III est parti vivre à la Nouvelle Orléans sans ses vêtements habituels et sans carte de crédit, comme un pauvre, pendant une semaine. Il avait créé à partir de rien une entreprise au capital de plusieurs millions, mais une des choses les plus difficiles qu'il fit dans sa vie fut de vivre une semaine avec 30,5 dollars en poche pour l'émission « Millionnaire secret. »

« Je suis allé dans une épicerie le premier jour et là, je me suis complètement effondré, » dit le PDG de CyberSynchs, une firme au capital de plus de 196 millions de dollars, spécialisée dans les technologies et ayant son siège à New York. « J'avais acheté du pain, du lait et des céréales et je me suis aperçu que j'en avais pour à peu près 60 dollars. J'ai dû remettre des articles dans les rayons, » dit Winbush. « Cela m'a ouvert les yeux. Je n'ai mené cette vie qu'une semaine, mais pour beaucoup de gens, c'est toute la vie quotidienne. »

Il dit que cette expérience de vie à la Nouvelle Orléans l'a complètement transformé. « J'étais, en quelque sorte absorbé en moi-même. Quand vous dirigez une start-up, vous vous concentrez sur son développement, et vous ne regardez pas forcément la personne qui marche devant vous en vous demandant à quoi ressemble sa vie. C'est ça qui a changé. Quand je suis rentré à New York j'étais un homme nouveau. »

Pendant cette incroyable expérience, les millionnaires rencontrent des gens vraiment extraordinaires, qui sacrifient leurs propres besoins pour le bien d'autrui.

Quand l'expérience se termine, ils révèlent leur véritable identité et font un don à ces héros locaux. C'est un moment de profonde transformation.

J'ai rencontré récemment un petit groupe de femmes qui m'ont raconté leur histoire, très inspirante. Elles appartiennent à des classes moyennes, plutôt pauvres et font partie d'*Amritaku-dumbam*, une branche des activités spirituelles d'Amma. Comme l'indique le nom, chaque *Amritakudumbam* est constituée de plusieurs familles qui se rassemblent pour des pratiques spirituelles et des activités de service. Ces femmes viennent de familles pauvres et elles travaillent dur pour arriver à joindre les deux bouts. L'histoire qu'elles m'ont racontée m'a mis les larmes aux yeux. Chaque jour, elles mettent de côté une petite partie de leurs gains et avec cela, tous les quinze jours, elles achètent du riz et des légumes. Elles cuisinent ensuite un repas qu'elles apportent à l'orphelinat voisin pour nourrir les enfants. Je dirais que leur niveau de conscience et leur degré de contentement sont bien plus élevés que ceux des personnes les plus riches du monde. Ces femmes suivent l'enseignement d'Amma : « Offrons ce que nous pouvons à la société. » Leur amour pour Dieu a élevé leur niveau de conscience, ce qui a eu pour effet de changer les conditions extérieures.

Lorsque notre bonheur se fonde sur la richesse, sur la domination, sur la possibilité de devenir le prochain Bill Gates, non seulement nous sommes stressés, mais nous devenons l'incarnation même du stress. Nous n'avons pas un instant de paix. Quelle que soit notre fortune, notre vie est un enfer. Si nous misons notre bonheur sur la bourse, notre bonheur et notre paix intérieure sont à la merci du marché, dont nous connaissons les caprices : il monte, il descend, il monte, il descend, il monte, il descend. Imaginez l'état psychique de quelqu'un qui a misé tout son bonheur sur un tel marché ! Il est comme un fou. Le marché monte, et il danse de joie. Le marché s'effondre, et il saute par la fenêtre. Pourquoi ? Parce qu'il a fondé son bonheur sur quelque chose qui est, par définition, inexorablement fluctuant.

Comme nous le savons tous, le monde est par nature instable et imprévisible. Qu'il s'agisse du monde de la famille, des affaires, ou même du monde de l'amour, c'est une réalité. Le contentement jaillit de notre force intérieure, de notre capacité de penser et de ressentir d'une manière positive. Et c'est là que la spiritualité intervient dans notre vie. Elle nous permet de rester centré et équilibré, ce qui nous donne la faculté de jouer sans peur dans ce monde instable et imprévisible

« Aucune austérité ne vaut un esprit équilibré, aucun bonheur n'égale le contentement ; il n'existe aucune maladie comparable à l'avidité et pas de vertu pareille à la miséricorde. »

Chanakya

CHAPITRE DIX

La force cachée de la souffrance

Quand une entreprise n'encourage pas chez ses employés la culture du cœur, des conflits risquent d'éclater. Dans toutes les organisations, les conflits professionnels sont monnaie courante car elles rassemblent des gens qui viennent de cultures, d'horizons, de pays divers et qui parlent différentes langues. Les discussions et les divergences d'opinion sont donc inévitables. Les écarts de qualification, les différences de fonctionnement intellectuel, les préférences religieuses ainsi que les émotions profondes, tout cela contribue à intensifier ces antagonismes.

Amma a déclaré lors d'une rencontre de l'UNAOC à Shangaï : « Quel que soit le pays, l'harmonie et l'unité ne peuvent exister au sein de la société que si la modernisation se développe en accord avec la culture des peuples. Faute de quoi la confiance mutuelle disparaît. En l'absence de lien entre la culture du peuple et la modernisation naissent des groupes et des communautés qui affirment leurs droits et fragmentent la société en différentes factions qui se haïssent mutuellement et s'isolent comme des îles. Pour qu'une société riche de traditions diverses vive en paix et s'épanouisse, il faut que ses membres se développent et suivent les évolutions sans perdre la connaissance des traditions transmise de génération en génération. L'histoire nous a enseigné que l'innovation qui se fait au mépris de la tradition génère certes des satisfactions immédiates mais une prospérité de courte durée. »

Comment résoudre ce genre de conflits ? « Laissons les parties qui s'opposent le résoudre », peut être la première étape, mais quand les choses semblent prendre des proportions dangereuses, le dirigeant doit intervenir. Si de telles situations ne sont pas gérées avec intelligence, soin, politesse et diplomatie, elles risquent de s'étendre à d'autres secteurs de l'entreprise et de nuire à l'environnement professionnel et à la productivité. Elles peuvent également démotiver les employés.

Quand on tarde à régler un conflit, certains employés expérimentés risquent de quitter l'entreprise. Personne ne souhaite travailler dans un environnement tendu, inamical. Un employé peut être bien organisé, méticuleux et ordonné, mais pas forcément prêt à affronter quotidiennement des situations difficiles. Pour un esprit qui n'est ni entraîné ni bien préparé, l'exercice qui consiste à survivre sur le lieu de travail peut s'avérer une perte d'énergie.

Voilà trente-quatre ans que je voyage avec Amma partout dans le monde. Une partie de mon *seva* (service) consiste à m'asseoir près de sa chaise et à traduire les questions que les gens lui posent, généralement dans le cadre des « questions » sélectionnées, ou bien parfois lorsqu'ils attendent leur darshan. Les gens s'ouvrent spontanément et s'épanchent pendant qu'Amma les étreint.

Amma écoute patiemment leurs problèmes personnels, professionnels, physiques, émotionnels et spirituels et recommande des solutions. Il est vraiment choquant et même parfois déprimant de connaître le poids énorme de chagrin, la tristesse extrême que les gens portent. Mais je les vois aussi se transformer, je vois leur degré d'acceptation grandir et leur bonheur prendre une dimension nouvelle une fois qu'ils ont confié leurs problèmes à Amma.

Un des sujets principaux de ces conversations avec Amma, ce sont les luttes, intérieures et extérieures, qu'ils doivent mener sur leur lieu de travail et l'immense fatigue psychique, le stress émotionnel et l'épuisement physique qui en résultent. La majorité d'entre eux déclarent : « Quand j'arrive chez moi le soir, je n'ai plus aucune énergie, aucun enthousiasme. » Beaucoup d'entre eux vont droit au lit.

Les problèmes commencent avec la navette quotidienne entre le domicile et le lieu de travail, une fois que l'on s'est occupé des besoins de la famille. Puis ils continuent toute la journée, avec des frustrations comme les manœuvres politiques au travail, le favoritisme envers le « chouchou du patron », un directeur incompétent, etc. La liste est longue. Si l'on ne remédie pas à cet état de choses, le conflit intérieur se manifeste rapidement dans des interactions avec l'extérieur. Ce conflit affecte la productivité des employés et bien vite se répercute sur toute l'entreprise, sous la forme de grèves, de boycotts, de fermetures etc. La solution, c'est que la direction comprenne et soit capable d'étouffer les problèmes dans l'œuf.

Certaines choses sont invisibles. Mais un responsable, dans la mesure où il gagne en maturité et en expérience, devrait s'efforcer de développer l'œil de l'intuition. Il s'agit d'un œil intérieur purifié, raffiné, capable de percevoir ce qui se cache sous la surface des choses. Cet œil verra ce que les yeux physiques ne voient pas : ce qui est subtil. Un directeur expérimenté aide les employés à voir leurs limites et leurs faiblesses, et suscite en eux cette indispensable conscience. Le véritable soutien ne consiste pas seulement à offrir un salaire confortable et des avantages conséquents, mais encore à développer une compréhension profonde des talents, des capacités et des fragilités des membres de l'équipe.

Aider les employés à gérer leurs émotions est une tâche délicate qu'il faut savoir accomplir d'une manière adéquate. Les émotions doivent être traitées avec le plus grand soin, comme une fleur, car une mauvaise gestion de cet aspect important peut avoir un impact négatif sur tous les domaines de la vie, y compris la vie de famille et la santé. Bien entendu, les directeurs et les employés disposent de spécialistes, psychologues, thérapeutes et conseillers, pour les guider dans toutes ces situations et les aider à élargir leur perspective.

Voici certaines des suggestions apportées par les conseillers :
- Soyez patient et concentrez-vous sur votre travail.
- Pratiquez l'introspection et l'auto-analyse.
- Si votre patron embauche un directeur incompétent ou un de ses proches qui n'a pas les capacités requises, efforcez-vous d'adopter la perspective du nouveau directeur. Essayez de lui faire prendre conscience de ses manques en suggérant des corrections avec gentillesse.
- Ne comparez pas. Reconnaissez et comprenez les talents et les faiblesses d'autrui, acceptez les tels qu'ils sont.
- Ne jugez pas.
- Encouragez la convergence des buts et l'esprit d'équipe pour le succès de l'organisation.
- Essayez d'abord de travailler sur vos propres faiblesses.

Tous ces conseils fonctionnent, mais seulement dans une certaine mesure. Il y a toujours le pour et le contre. En définitive, ce qui est efficace, c'est que l'employé change de perception. Il peut certes changer d'entreprise et d'emploi. Ou bien, comme le font certains, choisir de démarrer son affaire et d'être son propre patron. Mais quelle que soit la solution pour laquelle il opte, ces ombres le suivront partout ; en effet, où qu'il aille, il continuera à voir et à évaluer les situations avec le même esprit.

« Il existe, dit Amma, deux sortes de situations dans la difficulté : soit nous avons le choix, soit nous ne l'avons pas. Dans le premier cas, nous pouvons redoubler d'efforts jusqu'à ce que nous atteignions notre but. Dans le second cas, en revanche, quoi que nous fassions, lutter ne sert à rien et mène à l'échec. Imaginons que nous mesurions un mètre cinquante et que nous désirions gagner un centimètre de plus.

Nous aurons beau prendre toutes les multivitamines du monde, nous suspendre par les chevilles ou faire des exercices d'étirement, nous perdrons notre précieux temps et notre énergie.

Tous nos efforts seront vains car l'ADN qui constitue notre corps a déjà déterminé notre taille. Il faut alors accepter la situation et aller de l'avant. Mais si nous échouons à un examen ou à un entretien, nous avons la possibilité de repasser l'examen ou de nous présenter à un autre entretien, jusqu'à ce que nous réussissions. Quand on ne comprend pas bien la différence entre ces deux situations, on s'expose à vivre beaucoup de souffrance et de peur. »

Ne négligeons rien jusqu'à ce que nous arrivions au point où la douce voix de notre conscience nous dit : « Maintenant tu as fait tout ce que tu pouvais. Arrête-toi et détends-toi. » Faites confiance à cette voix. Ne faites confiance qu'à elle. A quoi sert-il de lutter contre une situation si c'est pour perdre et en ressortir épuisé et humilié ? Permettez à cette compréhension de pénétrer profondément en vous. Pour cela, l'examen de soi-même ne suffit pas. Une méditation profonde est requise. Seule la méditation peut créer l'espace et le silence intérieurs nécessaires pour remplacer l'énergie perdue et mettre fin à cette déperdition. L'acceptation réelle et profonde, qui est la vision positive et la force intérieure que nous cherchons à développer, ne grandira peut-être pas aussi vite que nous le souhaitons. Dans tous les domaines, pour réussir, il est indispensable de fournir des efforts constants. Pour parvenir à cette attitude d'acceptation, des efforts sincères et constants sont également nécessaires.

Cela dit, je dois admettre qu'il faut parfois passer par l'expérience pour atteindre ce point de détente et de révélation. Mais pendant que nous vivons cette expérience, il s'agit de rester aussi ouvert que possible et de ne pas la laisser nous submerger, nous dominer. Cela n'est certes pas facile, mais c'est possible, car nous en avons la capacité intérieure ; en réalité, notre potentiel intérieur est infini.

Laissez-moi vous raconter une expérience. En 1999, j'ai souffert d'un déplacement de disque cervical ; il s'ensuivit une période de souffrance physique et mentale, accompagnée d'une grande agitation émotionnelle. Amma fut la première à m'avertir, avant même que les premiers symptômes n'apparaissent. Cela se passait pendant le tour du Nord de l'Inde annuel. Comme toujours, tous les déplacements se faisaient par la route. Le dernier programme de Bangalore, qui avait commencé la veille au soir et qui avait rassemblé une foule immense, venait de se terminer et la matinée était déjà avancée. Amma monta dans la voiture pour s'en aller vers la prochaine étape. J'étais assis devant, à côté du conducteur. Peu après le départ, je sentis qu'Amma me touchait délicatement l'épaule. La vibration de sa main était inhabituelle. Je me retournai. Amma sourit, mais son sourire était mêlé de tristesse. D'une voix douce, elle dit : « J'ai le sentiment que quelque chose qui ne présage rien de bon plane autour de toi. » Ses chuchotements, ses yeux, son contact et tout ce qui émanait d'elle était assez puissant pour transmettre un message encore mystérieux, qui allait se révéler plus tard.

Dès le lendemain, j'eus mal à l'omoplate. Cela commença par un élancement, un peu comme une foulure, puis les choses empirèrent de jour en jour. En quelques jours, la douleur était passée dans mon bras droit. Lorsque nous arrivâmes à Pune, la souffrance était devenue intolérable. Je ne pouvais ni lever le bras, ni m'asseoir, ni rester debout, ni même m'allonger. Amma finit par me dire d'aller passer un IRM. L'image montra qu'un disque cervical déplacé comprimait un nerf. Les médecins, étaient unanimes à recommander une intervention chirurgicale. Amma n'était pas d'accord. Elle me dit qu'une opération était inutile. « Repose-toi et cela guérira tout seul. » C'était il y a quatorze ans et à l'époque, cette opération suscitait en Inde de vives inquiétudes. En tout état de cause, je décidai d'écouter les instructions d'Amma et de me reposer.

Pendant deux mois, il me fut impossible de quitter le lit. Il n'y avait pas seulement la douleur physique, mais aussi les tourments intérieurs et la souffrance émotionnelle. Je consultai un autre spécialiste qui me donna des informations inquiétantes sur les conséquences possibles d'un disque déplacé, ce qui ne fit qu'aggraver mon état intérieur et émotionnel. Mon souci le plus grave, c'était la crainte de ne plus pouvoir continuer le *seva* que je faisais depuis vingt ans. Au cours de ces deux décennies, j'avais déployé une activité infatigable.

Je me croyais libre de toute peur. Il n'y avait pas dans ma conscience la moindre trace de peur. Cette expérience fut cependant un évènement majeur dans ma vie : tout semblait s'effondrer, comme si ma vie allait se terminer. D'épaisses ténèbres m'environnaient, sans la moindre lumière au bout du tunnel. Tout allait bien, et voici que cette épreuve m'avait frappé de plein fouet, comme un coup de tonnerre. Chaque moment semblait durer des siècles. Réduit à l'impuissance, je ne pouvais que pleurer toutes les larmes de mon corps. J'ai versé chaque jour des torrents de larmes, en priant de tout mon cœur pour obtenir la force intérieure, l'amour et la foi.

Psychologue par excellence, Amma m'a guidé à chaque pas de cette expérience, en m'insufflant la foi et la confiance ; elle m'a aidé à surmonter la peur. Il me fallut tout de même six mois pour sortir des ténèbres qui m'avaient enveloppé.

Il m'incombait de faire le premier pas et d'aller de l'avant. Qu'il s'agisse d'une situation extérieure ou d'une crise émotionnelle, le premier pas est le plus important et c'est l'amour de soi. Il ne faut pas confondre amour de soi et amour de l'ego. Il s'agit plutôt de la foi en notre Soi, en notre potentiel intérieur. Pour aller plus loin, disons qu'il s'agit d'une foi bien ancrée dans la vie, perçue comme un cadeau. Notre naissance ne se produit pas par accident ; elle a un dessein, un but supérieur. Nous sommes ici pour accomplir quelque chose que personne d'autre ne peut faire. Sans nous, il y aurait un vide dans l'univers. Nous manquerions à l'univers. Soyez-en convaincus.

La seconde étape, tout aussi importante, c'est de trouver le bon guide, un mentor, qui ait une vision d'ensemble de la vie, en connaisse les moindres détails et qui soit un bienfaiteur du monde. Une fois que vous avez franchi ces deux étapes, la troisième, qui consiste à célébrer la joie de vivre sans être obsédé par les circonstances extérieures, viendra automatiquement.

En Amma, j'ai trouvé mon chef et mon guide. Elle éclaire mon chemin. Il me suffit d'être prêt à avancer. Elle m'a aidé à gérer mes émotions et à apprendre de la douleur, afin que mon corps puisse guérir.

Chacun de nous a besoin d'un guide qui lui montre l'exemple, pas seulement d'un érudit qui a accumulé des tonnes d'informations. Dans le monde actuel, grâce au bond en avant de la science et de la technologie, tout le monde peut devenir savant. Il suffit de savoir manier une souris. Ce que je veux dire, c'est qu'il faut chercher un maître doté d'une sagesse authentique, capable d'enseigner et de former par l'exemple et avec spontanéité. Une citation d'Albert Einstein éclairera mon propos : « Donner l'exemple n'est pas le moyen principal d'influencer autrui, c'est le seul. »

L'aide apportée par un leader doté de telles qualités nous permet d'acquérir du courage, de la précision, une vision et une perspective juste. Cette transformation intérieure entraîne de fait un changement dans les situations extérieures.

On peut gagner à la loterie et devenir millionnaire. Ou bien, en finale d'un jeu télévisé, remporter le premier prix et un million d'euros. Mais cela ne change rien à l'intérieur de nous. Certes, nous achèterons une plus belle maison, une voiture plus performante, un écran de télévision plus grand, autant d'or que nous le désirons, etc. Mais en tant qu'êtres humains, nos actions demeurerons ancrées dans les mêmes vieux schémas psychiques, nous serons toujours conditionnés par notre mental et nos tendances négatives.

Au lieu de tuer dix ou vingt-cinq personnes avec une matraque ou un marteau, il est aujourd'hui possible d'en tuer des milliers en appuyant sur un bouton. Et c'est ce qu'on appelle le progrès scientifique ! S'agit-il d'un changement réel ? Mon idée est la suivante : ce qu'il faut changer, c'est notre présence, la qualité de notre être, l'ensemble de notre personnalité en tant qu'être humain. Toute modification dans notre vie devrait contribuer à diminuer les problèmes. Il nous faut un changement qualitatif, et non quantitatif. Ce qui n'exclut pas de souhaiter un changement quantitatif, mais à condition de ne pas aggraver les problèmes existants.

Gardons toujours à l'esprit que tout évènement, intérieur ou extérieur, a un centre, un cœur, qui recèle un message précieux. Nous avons le choix : en faire un drame ou y être sensible. Non au sens d'une sensibilité qui nous rendrait vulnérable, mais d'une sensibilité plus aiguisée. De quoi s'agit-il ? De la capacité à voir à travers à la douleur et à en trouver le centre. Comme le dit la *Kathopanishad*, une des dix *Upanishads* majeures : « Celui qui est capable de regarder à l'intérieur fera l'expérience du Soi, du centre. » Bien qu'il s'agisse dans ce verset de redécouvrir le centre de notre existence réelle, cette vérité s'applique à toutes les expériences de la vie.

Lorsque nous tournons le regard vers l'intérieur, l'ensemble de cette expérience prend une toute autre dimension. Nous en percevons les aspects les plus subtils, qui demeurent invisibles aux autres. En contemplant ces principes, en les intégrant, nous acquérons la faculté de rester dans la position du témoin, et nos actions y gagnent une beauté, une puissance et un charme extraordinaires.

Chacun doit affronter seul les expériences que la vie lui apporte, ceci est un principe fondamental. Mais si nous avons pour guide un exemple qui incarne les vertus et les valeurs, il ou elle nous aidera à naviguer au milieu des vagues de la vie, apparemment si traîtresses. Cela évoque les paroles de Ralph Waldo Emerson : « Si quelqu'un veut me conduire plus haut, il faut qu'il soit plus haut que moi. »

Les périodes de souffrance et d'adversité dans notre vie ont une plus grande profondeur que les moments soi-disant heureux, car notre joie est momentanée. Ces instants sont superficiels. Que peut-on attendre d'autre lorsqu'on recherche la satisfaction immédiate ?

Nous considérons souvent le chagrin comme une émotion qui nous affaiblit. Toutefois, ceux qui connaissent les mystères de l'existence montrent par l'exemple de leur vie que la souffrance possède une force cachée. En fait, elle a une profondeur dont la joie est dénuée. C'est le jour et la nuit. L'obscurité est impénétrable. Si nous développons la force intérieure nécessaire pour traverser la couche dense de nos expériences tristes et douloureuses, un nouveau monde de conscience s'ouvrira ; nous obtiendrons la clé d'un monde de connaissance.

La vie d'Amma est l'exemple parfait du pouvoir transformateur de l'adversité, de la métamorphose qui s'opère grâce à elle. Une fois que nous avons compris ce secret, chaque fois que nous affrontons des épreuves, simultanément, l'aspect sombre disparaît et il ne reste plus que la lumière. Ne négligeons donc pas la souffrance, acceptons-la, au contraire ; cette acceptation apporte la lumière. Cette compréhension confère à la vie une dimension plus vaste. Le sens que nous lui avions donné (gagner plus, dépenser plus) change. Notre corps, notre esprit, nos émotions et même la richesse que nous obtenons deviennent des outils puissants pour créer le changement dont nous avons eu la vision.

Le message profond qui nous est transmis par un vrai guide, c'est que les souffrances de la vie ne sont pas destinées à nous affaiblir mais à nous éveiller. Les peines et les chagrins ne sont pas là pour nous attrister ou nous déprimer, mais pour nous aider à être plus vigilants. Les échecs ne surviennent pas pour nous arrêter, mais pour libérer notre potentiel intérieur.

Amma donne un exemple : « Imaginez que nous cheminions dans la faible lumière du crépuscule et que nous marchions sur une épine qui nous rentre dans la plante du pied. Nous l'enlevons et continuons notre route mais désormais, nous sommes plus vigilants, afin d'éviter d'autres épines. Soudain, nous voyons un cobra, un serpent venimeux. La vigilance suscitée par l'épine nous a permis d'éviter une situation dangereuse. Si nous n'avions pas fait attention, le cobra aurait pu nous mordre. Cette expérience ne doit pas être considérée comme douloureuse dans ce contexte. Vous allez peut-être maudire l'épine mais ensuite, en regardant en arrière et en allant plus loin dans l'analyse de cette expérience, vous comprenez qu'elle vous a aidé à être plus conscient. »

Voici à ce propos deux citations de Charlie Chaplin. Il déclare : « En ce monde cruel, rien n'est permanent, pas même nos ennuis. » et encore : « Pour rire vraiment, il faut pouvoir prendre sa douleur et jouer avec ! » Mais il fallut probablement à Charlie Chaplin toute une vie pour avoir un aperçu de cette vérité. Alors interrogeons-nous : « Est-il vraiment nécessaire que j'attende aussi longtemps pour l'assimiler ? »

CHAPITRE ONZE

Leçons multiples et variées

« J'aime à penser qu'aux yeux de beaucoup de managers et de cadres, l'arbre cache la forêt et qu'ils oublient, quand ils essaient de résoudre un problème, de prendre en compte leurs employés. Il ne s'agit pas ici d'analyser comment en obtenir davantage ni comment les diriger plus efficacement. Je pense qu'ils devraient examiner de plus près le vécu quotidien de ceux qui travaillent dans leur entreprise. » J'ignore ce que voulait dire exactement monsieur Gordon Bethune, ex-directeur général d'U.S. airline et ancien PDG de Continental Airlines, aujourd'hui en retraite, quand il a fait cette déclaration. Quoi qu'il en soit, cet homme semble avoir saisi certaines des mesures nécessaires pour maintenir la bonne humeur au sein d'une équipe.

Peter Drucker a touché juste quand il a déclaré : « La plus grande partie de ce que nous appelons « management » consiste à rendre la tâche plus difficile aux employés. »

Consciemment ou inconsciemment, certains managers et dirigeants actuels affichent un sérieux inutile et un air orgueilleux, comme si le monde entier devait savoir qu'ils détiennent un pouvoir considérable. Si nous laissons gonfler notre ego et prenons des airs importants, notre personnalité n'y gagnera rien ; ce n'est pas ainsi que nous deviendrons un bon chef, un bon manager. Cela risque au contraire d'avoir un effet néfaste sur notre réputation et notre productivité.

On dit que pour un dirigeant, il est bon d'être amical envers les employés mais mauvais de devenir leur ami. A ce sujet, Amma recommande : « Soyons détaché, tout en étant à l'écoute. Soyons ouvert, mais gardons nos distances. Soyons l'un d'eux, mais demeurons seul. » Cela semble paradoxal et c'est pourtant l'un des secrets du succès : savoir être proche des gens tout en gardant ses distances.

Une trop grande proximité risque de nous aveugler, d'occulter notre conscience de la vérité. Cette proximité, cette familiarité, aura une influence négative sur notre capacité de jugement. Mais surtout, nous risquons d'être trop exposé. Un moment d'excitation et nous nous oublions. L'espace d'un instant, nous perdons conscience de notre identité. Nous baissons la garde, la vigilance et la conscience s'évanouissent. Dans cet instant d'identification à une situation particulière, il se peut que nous disions une parole, que nous ayons un geste, que nous fassions un signe ou arborions une expression, sans importance à nos yeux. Mais pour un homme qui a des antennes, ce peut être un signal manifeste. S'il guette l'occasion de briser notre carrière, il peut saisir celle qui s'offre ainsi à lui, gravir les échelons et nous faire chuter. Voilà comment peut s'effondrer tout un empire construit au prix d'un dur labeur : il suffit d'un instant d'inattention.

Un esprit superficiel est incapable d'accomplir quoi que ce soit. Toutes les réalisations sont les fruits d'un esprit profond, un esprit qui est une véritable matrice où sont conçues les idées novatrices. La connaissance n'est pas extérieure, elle n'est pas au-dehors. Elle est à l'intérieur, elle fait partie de notre être. En modifiant légèrement le dicton populaire : « Les yeux sont les fenêtres de l'âme, » on obtiendrait : « Les yeux deviennent des fenêtres nouvelles, par lesquelles nous contemplons tout un monde intérieur de connaissance ; notre potentiel intérieur, jusqu'alors en sommeil, se révèle. »

Généralement, les gens oublient de distinguer deux sortes de solitude : la solitude créatrice et la solitude dépressive. Beaucoup croient même qu'il s'agit de la même chose. Mais tandis que la solitude créatrice nous élève vers un état supérieur de conscience, d'attention, d'expansion et de joie, la solitude dépressive nous fait sombrer dans l'inconscience, la tristesse, dans un état d'esprit étroit, replié sur lui-même. Comment un manager malheureux pourrait-il s'avérer créatif ou productif ? Ses employés apprécieront-ils son caractère revêche ? Sera-t-il capable de faire communiquer les différents secteurs ? Comment pourrait-il recevoir et envoyer avec amour un feedback honnête et plus que nécessaire ?

A force d'habitude, on finit par adopter les caractéristiques d'une personne ou d'un objet, jusqu'à lui ressembler. Dans le monde actuel, la règle est de « rendre à l'autre la monnaie de sa pièce. » Autrement dit, si le monde est injuste, soyons le aussi !

« *La difficulté d'être bon* » tel est le titre que Gurucharan Das, auteur et intellectuel indien, a choisi pour son livre. C'est là un titre adéquat car il est certes difficile d'être bon et honnête en toutes circonstances. Mais tout ce que nous réalisons n'est-il pas difficile ? En outre, « bon », n'est pas un superlatif et ne signifie pas « parfait ». Atteindre la perfection constitue bien sûr un défi. Mais en dépit de toutes nos imperfections et de nos faiblesses émotionnelles, il est possible d'être un humain plein de bonté si nous le désirons vraiment. Partout dans le monde, les mêmes pensées négatives hantent les esprits, alors que nous avons la capacité de réduire et de minimiser leur intensité. Et bien qu'il soit presque impossible d'éradiquer complètement les pensées indésirables ou destructrices, on peut s'abstenir d'agir sous leur empire.

Les gens s'habituent à avoir des problèmes. Mais il arrive que certains contaminent les autres avec leurs problèmes. Voici un des exemples que donne Amma : « Un homme avait une terrible migraine et s'en plaignait sans cesse à tous les membres de sa famille, et même aux voisins et amis. A la fin de la journée, sa migraine était passée mais tout son entourage avait mal à la tête. »

Nous trouvons normal d'être excessivement attachés aux biens matériels, à nos possessions. Le moindre indice ou le moindre soupçon que quelqu'un pourrait nous les voler ou les emporter nous perturbe l'esprit.

Il en est de même de nos problèmes et de nos idées : on s'y attache.

J'ai lu les « *Règles d'un tout petit* » que voici

Si je l'aime, c'est à moi

Si je l'ai dans la main, c'est à moi

Si je peux te le prendre, c'est à moi

Si je l'avais il y a un moment, c'est à moi.

Si c'est à moi, il ne faut pas que cela ait l'air d'être à toi.

Si je fais ou construis quelque chose, tous les morceaux m'appartiennent.

Si cela ressemble au mien, c'est à moi

Si je pense que c'est à moi, c'est à moi.

Toutes nos créations sont un produit de notre esprit limité. Elles ne sont donc jamais parfaites. Mais si nous sommes trop attachés à notre plan, à notre « bébé », alors nous suivons les « règles d'un tout-petit » citées plus haut. Avec un tel état d'esprit, victimes d'un attachement excessif, nous sommes incapables d'écouter les avis, les remarques et les suggestions de notre équipe et de lui rendre justice.

J'ai entendu des gens déclarer : « La vie est injuste mais je m'y habitue. »

Le point de vue d'Amma est différent. Elle nous dit : « La vie ne semble injuste que si nous la regardons avec nos yeux de chair. Si nous l'observons de l'intérieur, nous verrons que la vie est toujours juste, parce qu'elle est la totalité, le cosmos. Les humains peuvent se montrer injustes, mais l'univers, lui, est juste puisque il s'offre à tous également. Restons toujours solidement enracinés dans nos convictions profondes et nos valeurs.

La voie d'Amma n'est pas de s'habituer au monde « injuste » et de marcher sur ses traces. Le monde comme il va est incontournable : vous ne pouvez pas l'éviter. Traversez ces expériences avec courage mais apprenez à les transcender. Transcender, c'est-à-dire transformer : transformer nos faiblesses et nos limites en forces. C'est ainsi que l'on s'élève au-dessus du monde injuste, sans se laisser affecter par lui.

Les principes qui fondent le style de management d'Amma sont les suivants : « Aimer et servir tous les êtres. Donner, pardonner, et faire preuve de compassion. » C'est pourquoi il n'y a pour elle aucune difficulté à donner un retour aux membres de son équipe. Ce qui fait la puissance et le charme d'une telle séance de feedback, c'est qu'Amma, comme n'importe quel membre de l'équipe, assume sa part de responsabilité dans la situation. Si quelqu'un dit : « C'est entièrement ma faute », Amma répond : « Non, ton erreur est la mienne. Je n'ai peut-être pas fait assez attention aux détails. »

Plutôt que de réprimander la personne ou le groupe qui a commis l'erreur, Amma leur demande toujours d'être à l'avenir plus vigilants et plus conscients. Elle les motive en les aidant à voir l'incident sous un autre jour.

A ce sujet, permettez-moi de vous raconter une histoire vraie qui s'est déroulée bien avant la mise en circulation des cartes de crédit. L'équipe responsable des achats transportait forcément de l'argent liquide afin de faire les courses pour le centre de notre ONG. Cette équipe était constituée de trois jeunes hommes, parmi lesquels se trouvait le conducteur, lui aussi résident et bénévole. Au cours d'un de leurs déplacements, l'argent, une somme considérable, disparut : soit volé, soit perdu. A leur retour, ces jeunes n'eurent pas le courage d'aller voir Amma. Ils craignaient qu'elle ne se mette en colère et choisirent donc, tout penauds, de se cacher dans leurs chambres.

Très vite, un autre bénévole vint les chercher en leur disant qu'Amma les appelait. Ils avaient peur et se sentaient coupables, mais Amma les accueillit avec un grand sourire. Elle leur demanda de s'asseoir près d'elle et les consola avec des caresses. « Ne vous inquiétez pas. Ces choses-là arrivent. Ce n'est pas votre faute. Alors détendez-vous. Je ne suis pas fâchée du tout. J'espère que l'argent est allé à quelqu'un qui en avait vraiment besoin. »

Les mots étaient simples, l'attitude attentionnée. Les paroles bienveillantes d'Amma eurent un effet profond sur ces jeunes, un peu comme s'ils étaient entrés dans une pièce climatisée après être restés longtemps sous la canicule. Visiblement, ils furent touchés et cela les mit à l'aise.

Une fois les esprits apaisés, Amma leur dit : « Il est naturel de commettre des erreurs. Je n'ai aucune difficulté à vous pardonner et à oublier l'affaire. Mais le moindre centime a pour moi une valeur immense. C'est une goutte, mais ce sont les gouttes qui font les rivières. Grâce à nos efforts, nous devons faire fructifier le moindre centime et le rendre au centuple à la société, sous la forme d'une offrande.

Il existe trois sortes d'erreurs : celles qui tiennent aux circonstances, celles qui sont commises sans intention, et celles qui sont faites à dessein. Parfois, malgré toute notre vigilance et notre prudence, quelque chose arrive. Il s'agit du premier type d'erreur. Nous ne l'avons pas faite consciemment, ni intentionnellement. Mais si la faute est due à notre manque de vigilance, il s'agit d'une action commise par défaut de conscience. La troisième catégorie comprend les erreurs voulues, délibérées. Elles sont faites en toute conscience. Dans les trois cas, l'occasion de progresser nous sera offerte, mais pas indéfiniment. Que la faute ait été commise à dessein ou pas, le dénominateur commun est le manque de conscience et de vigilance. Il ne sert à rien de faire des erreurs si on ne les corrige pas en utilisant les chances qui nous sont offertes. Rappelez-vous bien cela. » La leçon fut bien reçue.

Cet enseignement fut communiqué d'une manière douce mais ferme, une fois que les bénévoles eurent été libérés de leur tension intérieure. Ce fut la première étape. C'est seulement ensuite, une fois que les membres de l'équipe furent détendus et ouverts, qu'Amma aborda la deuxième étape. Si elle avait procédé dans l'ordre inverse, aucune de ses paroles n'aurait traversé le cocon de peur et de culpabilité qui les enveloppait.

Amma dit : « Le passé est un fait. Si nous en tirons les leçons et avons foi dans le présent, le futur deviendra notre ami. » En vérité, l'avenir est le fruit du présent. Il dépend entièrement de l'intelligence avec laquelle nous gérons le présent. Sortons donc des faits irréversibles et préparons l'avenir en restant ancré dans le présent.

Amma ne joue pas au jeu de la réprimande comme nous le voyons faire dans le monde. C'est ainsi qu'elle parvient à résoudre une situation sans créer chez autrui aucun sentiment de culpabilité ni de mépris de soi. Ses « guerriers » ont pleinement conscience de sa façon de faire, ils sont donc totalement ouverts vis-à-vis elle. Ainsi, aucun détail, si infime soit-il, ne lui échappe.

Les experts en management observent que dans de nombreuses organisations, une des difficultés majeures est de donner et de recevoir des feedbacks. Parfois il est inadéquat, ou encore il vient trop tard. En fait, il est très rare que le feedback soit donné au bon moment. La peur de la critique, le manque de confiance, l'adhésion obsessionnelle à ses propres idées, la réticence à affronter un rival, ou bien encore une haine profonde envers le supérieur immédiat, voilà quelques uns des obstacles qui empêchent que de précieux feedbacks soient donnés ou reçus au bon moment et avec la bonne attitude.

Le vrai feedback ne consiste pas à chercher des erreurs. Il respecte et soutient les points de vue d'autrui. Les remarques sont échangées avec une honnêteté absolue. Il s'agit plus d'un échange, d'une interaction entre deux personnes ou groupes ayant la maturité requise, et qui ont l'intention de prendre la décision juste, qui sera bénéfique pour l'organisation. Pour que le feedback soit productif et sain, il est nécessaire que celui qui le donne comme celui qui le reçoit évaluent et proposent des stratégies à partir de leur perception, relative, et non pas en tant que détenteurs de la vérité absolue. Dans le cas contraire, c'est extrêmement difficile.

L'écrivain et conférencier américain Dale Carnegie, auteur de manuels célèbres de développement personnel, de techniques de vente et de formation à la direction, a remarqué : « N'importe quel sot est capable de critiquer, de condamner et de se plaindre,…. Et la plupart d'entre eux le font. »

Amma possède une manière inimitable de donner et de recevoir des feedbacks et ce, pour tout ce qui se déroule autour d'elle, qui ne se limite pas aux institutions et aux projets humanitaires. Chaque jour, Amma parle aux responsables des différents secteurs, directement ou au téléphone. On la tient régulièrement au courant de l'évolution des projets. Elle est ouverte, elle écoute tout ce que son interlocuteur a à lui dire. Et quand elle donne son point de vue, elle analyse en profondeur toutes les informations, prend en compte tous les commentaires, pèse le pour et le contre devant son équipe, s'assure qu'aucun élément vital n'a été négligé avant de tirer une conclusion. Elle sait parfaitement sur quoi il faut insister, ce dont on peut débattre ouvertement et ce qui doit rester confidentiel.

Amma dit : « N'oubliez pas, deux choses sont essentielles : la franchise et la force intérieure de garder des secrets. Soyez honnêtes et ne révélez jamais un secret. » C'est un conseil que reçoivent presque tous les membres de son équipe.

Bien qu'Amma dirige habilement les institutions et les activités humanitaires de notre ONG, elle n'en tire absolument aucune vanité. Elle discute personnellement avec les responsables des différents secteurs, elle écoute aussi bien et reçoit des feedbacks des membres les plus jeunes de l'organisation, elle s'entretient avec eux.

Ceux qui effectuent les travaux les plus ordinaires ont eux aussi toute liberté d'approcher Amma et de lui exposer leurs problèmes et leurs points de vue.

J'ai vu plusieurs fois Amma discuter avec des écoliers et écouter leurs remarques, demander leur avis en retour. Je lui ai un jour demandé : « Pourquoi discutes-tu de ces choses sérieuses avec de jeunes enfants ? »

Amma a répondu en souriant : « Les enfants sont plus intelligents que les adultes. Ils peuvent émettre des idées brillantes et donner des exemples vivants. Ne sous-estime jamais personne. La connaissance de l'univers se manifeste partout alentours. Notre quête devrait être infinie. Frappe à toutes les portes. Tu ignores où gisent les sources cachées. Extérieurement, elles peuvent paraître simples et insignifiantes. Mais si tu ôtes le couvercle, tu trouveras peut-être un trésor à l'intérieur. »

Si le directeur adopte un certain schéma de travail et insiste pour que tous se conforment strictement aux règles, il perd infailliblement une partie de sa souplesse et de ses capacités ; l'ensemble de l'entreprise ou du secteur s'en trouve affecté. La discipline est certes essentielle mais pour assurer une bonne communication, il est idéal d'associer le travail à l'amusement. Pour citer Amma : « La vie devrait être une combinaison parfaite de discipline et de jeu. Soyez à la fois sérieux et joueur. Ayez les qualités d'un bureau et celles d'une forêt. La discipline jaillit de l'intellect et le jeu, de l'innocence. Lorsque ces deux éléments sont réunis, l'amour et le succès sont au rendez-vous. »

Représentez-vous un bureau bien ordonné où l'on jouirait aussi de la beauté, de l'air frais et sain d'une forêt. Tout le monde y serait heureux. Créez de tels moments. Il est surprenant de voir comment les membres les plus snobs et les plus réservés de l'équipe s'ouvrent dans de telles circonstances.

L'atmosphère conventionnelle d'un bureau n'incite guère les employés à échanger ou à se connaître. En créant pour l'équipe des moments spéciaux, loin du bureau et de ses tensions, des circonstances où chacun peut exprimer ses talents, on permet à ses membres de se détendre et de se ressourcer. Organisées de manière adéquate, de telles sessions libèrent notre côté ludique, l'enfant intérieur, qui s'exprime alors dans toute sa plénitude et sa vigueur. Le statut social, officiel et familial, les différences entre supérieurs et subordonnés, tout cela est oublié pour un temps et tous se retrouvent égaux. Cette expérience remonte le moral de l'équipe, augmente la créativité, la productivité et la capacité de communiquer. Il se crée un sentiment d'unité.

Amma excelle dans l'art de créer un tel climat. Le Chancelier, Amma, le vice-chancelier, le directeur médical, les doyens des universités, les chefs d'équipes de recherche, les ingénieurs, les administrateurs, les concierges, les responsables des cantines, les serveurs, les balayeurs, ceux qui s'occupent de la sono, les autres professionnels, les Occidentaux et les Indiens, tous sont réunis. Il n'y a pas de divisions.

Amma ne dit pas : « Je ne veux communiquer qu'avec le doyen ou le directeur médical. » Elle reconnaît la valeur humaine de chacun et se mêle à tous. Chacun des membres de l'équipe peut se dire: « Je suis son favori. Elle m'aime vraiment. » Cette confiance évite tout blocage éventuel et chacun donne ainsi le meilleur de soi-même. Donner ou recevoir un avis n'est pas un problème : les portes sont ouvertes.

Ceux qui connaissent la vie et ses mystères sont d'accord sur un point : quoi que nous fassions, faisons-le avec le cœur. La clé de tout, c'est vraiment l'attitude intérieure avec laquelle nous agissons. Si nous la changeons, si le travail devient une fête, c'est la vie entière qui est transformée.

Quand Amma se déplace en Inde et à l'étranger, des centaines de personnes l'accompagnent. Elles sont réparties dans plusieurs bus ainsi que dans d'autres véhicules. Nous transportons la tente qui abrite la cuisine, les ustensiles, les énormes récipients ; les assiettes, les tasses, les chaises, la sono, etc. Quand nous arrivons sur le site du programme, dans chaque ville, les bénévoles montent la tente et se mettent à cuisiner très tôt le matin. Le travail dure toute la journée et se termine tard dans la nuit. Mais le travail peut devenir une véritable forme d'adoration. Quiconque visite ces cuisines sur les sites des programmes d'Amma, que ce soit en Inde ou à l'étranger, en fait l'expérience concrète. Ces cuisines sont des lieux de fête.

Le tour d'Europe et le tour du Nord de l'Inde ont lieu en hiver. Presque partout, la cuisine est dehors, sous une tente. Mais il y règne une joie extatique ; les gens chantent et dansent. Ils n'ont pas le sentiment de vraiment travailler, alors qu'ils travaillent très dur. Il n'y a aucune tension. Le travail prend un aspect ludique qui agit comme antidote à tout stress, à toute négativité. Si vous me demandez une explication logique de ce phénomène, honnêtement, je n'en connais pas.

Chaque année, la tournée d'Amérique du Nord qu'entreprend Amma commence la troisième semaine de mai. Avant de partir, Amma crée un moment particulier pour les résidents du Centre en Inde, près de trois mille personnes. Avec l'aide des cuisiniers et des résidents, elle prépare des *masalas dosas* (des crêpes constituées d'un mélange de farine de riz et de lentilles noires, fourrées avec des pommes de terres, des oignons et des épices) et des frites pour toutes les personnes présentes. Cela paraît simple, mais à y regarder de plus près, il y a là une leçon magistrale sur la gestion de tâches simultanées. Tout cela se déroule sous la direction minutieuse d'Amma. Dès le matin, on installe les ustensiles dans le grand hall : les immenses cuisinières à gaz, des poêles géantes, des spatules pour les dosas et des friteuses, remplies d'huile bouillante, pour faire les frites.

Dès que les prières du soir sont terminées, la fête commence : on cuisine les dosas et les frites. Amma participe activement, tout en supervisant jusqu'aux moindres détails : la quantité d'huile versée, la taille des dosas et des frites, qui doit rester aussi uniforme que possible. Amma rappelle constamment à tous d'être vigilant et de ne pas faire trop cuire les dosas et les frites. Le hall est bondé de petits enfants, garçons et filles, d'hommes et de femmes de tous âges, venus de tous les coins du monde.

Certains résidents font des dosas, d'autres des frites. Toute la foule participe avec enthousiasme. L'excitation générale engendre un petit problème de discipline, surtout avec les jeunes enfants. Amma leur demande avec beaucoup d'amour et d'affection de ne pas s'approcher trop près des poêles brûlantes. S'ils n'obéissent pas, elle élève légèrement la voix. Elle s'efforce de calmer les enfants, et l'instant d'après, elle se tourne vers le cuisinier pour lui donner des instructions. Et en même temps, elle fait des dosas ou coupe des pommes de terre.

Au Kérala, le mois de mai est le plus chaud de l'année et le hall de prière n'est pas climatisé. La température y est donc très élevée, car à la chaleur accumulée d'une journée caniculaire, s'ajoute la chaleur, la fumée, et le feu émanant des réchauds à gaz, de l'huile bouillante et des poêles à dosas brûlantes, sans compter la chaleur dégagée par la foule. Bref, cette salle devient une fournaise. Mais il y règne tant de joie et de gaîté que personne ne s'en soucie.

Puis, pendant que l'on continue à cuisiner, Amma commence à servir. Chacun reçoit quelques masalas dosas et des frites en quantité suffisante. Amma elle-même donne son assiette à chaque résident, y compris aux petits enfants. Elle surveille le moindre détail avec minutie. Si une assiette contient moins de frites ou si une dosa est plus petite que les autres, Amma le remarque et renvoie l'assiette en demandant un complément.

Elle assure ainsi à la fois le contrôle de la qualité et de la quantité. Les enfants, garçons et filles, les personnes âgées, celles qui ont des problèmes de digestion ou d'autres maladies reçoivent des assiettes différentes, adaptées à leur âge et à leur appétit ce qui évite tout gaspillage.

Cette politique active de lutte contre le gaspillage touche toutes les institutions d'Amma. « Pas de pertes » est une de ses devises. Le recyclage des ordures, comme tous les autres secteurs, est l'objet constant de son attention. Amma déclare : « N'oubliez jamais les millions de personnes qui souffrent de la pauvreté et de la faim. Pensez à leur souffrance, à leur visage triste. En gâchant la moindre parcelle de nourriture, vous les privez de ce qui leur revient. Et quand vous prenez plus de nourriture que ce qu'il vous faut, vous volez ce qui leur appartient de droit. »

Quand la fête touche à sa fin, Amma chante quelques chants que tous reprennent en chœur. Dans d'autres circonstances, on considèrerait que ces milliers de personnes trempées de sueur, assises dans un hall bondé et surchauffé, endurent une souffrance physique. Et pourtant, quel que soit leur âge, leur sexe, leur culture, leur religion, leur nationalité et leur langue, toutes sont enchantées de cette soirée et en savourent l'atmosphère de fête.

Cuisiner pour des milliers de personnes, veiller à la qualité et à la quantité de la nourriture puis la servir, tout cela dans un même lieu, voilà une tâche qui n'est pas facile à gérer. Mais ici, le travail devient une adoration, une fête. Tous rayonnent de joie, si bien qu'on a l'impression d'assister à une danse enchanteresse.

On peut résumer cela en une seule phrase :

« Telle est la nature du cœur. »

Que faut-il en retenir ? Quand on fait des dosas, des frites ou des pizzas, il est important d'être un bon cuisinier. Quand on est avec ses enfants, il est important d'être un bon père ou une bonne mère. Quand nous parlons, soyons un bon orateur. Quand les autres parlent, laissons-les parler et sachons être un bon auditeur. Et quand nous sommes au bureau, soyons un superbe manager. Veillons au management, dans ses grandes lignes comme dans les plus petits détails. Il n'y a là rien de nouveau, de surhumain ou de miraculeux. C'est ainsi que l'on devrait vivre. Et c'est exactement ce que fait Amma.

Un homme riche vient rendre visite à un grand maître. Devant la maison du maître, il y a un jardin où il voit un homme en train de travailler. Il lui demande : « Puis-je savoir qui vous êtes ? »

« Mais c'est évident, n'est-ce pas, je suis jardinier, » répond celui-ci.

« Je le vois bien, je suis venu voir votre maître, » dit l'homme.

« Quel maître ? Je n'en ai pas. »

Le visiteur se dit qu'il perd son temps en lui parlant. Mais pour terminer la conversation, il demande : « Vous êtes bien le propriétaire, n'est-ce pas ? »

« Peut-être, » répond le jardinier.

L'homme entre. La petite maison se trouve à quelque distance du portail d'entrée. La porte est ouverte. Et là, à l'intérieur, il voit le jardinier assis, calme et tranquille.

Surpris, il demande : « Mais, n'est-ce pas vous que j'ai rencontré dans le jardin ? Ou bien avez-vous un frère jumeau ? »

« Peut-être » répond le jardinier.

L'homme riche demande : « Quelle est cette personne qui s'occupait du jardin ? »

« Eh bien, un jardinier, qui d'autre ? »

Voyant la confusion du visiteur, le maître dit : « Inutile de vous troubler. Vous n'avez pas vu deux personnes identiques. C'était la même personne, occupée à deux activités différentes. Je suis jardinier quand je jardine, je suis le maître quand j'enseigne et quand il m'arrive de jouer au golf, je suis un golfeur parfait. Je deviens ce que je fais. »

C'est exactement ce à quoi nous invite Amma quand elle nous conseille d'éveiller l'enfant intérieur. Un enfant passe d'un moment à l'autre en restant toujours tout à ce qu'il fait.

Quand la pure énergie d'amour éveille l'enfant en vous, vous ne perdez jamais patience. Un enfant qui apprend à marcher n'abandonne jamais. Il a beau tomber, sa détermination et sa foi ne le quittent pas. A chaque chute, il se redresse plus fort et recommence, jusqu'à ce qu'il sache marcher.

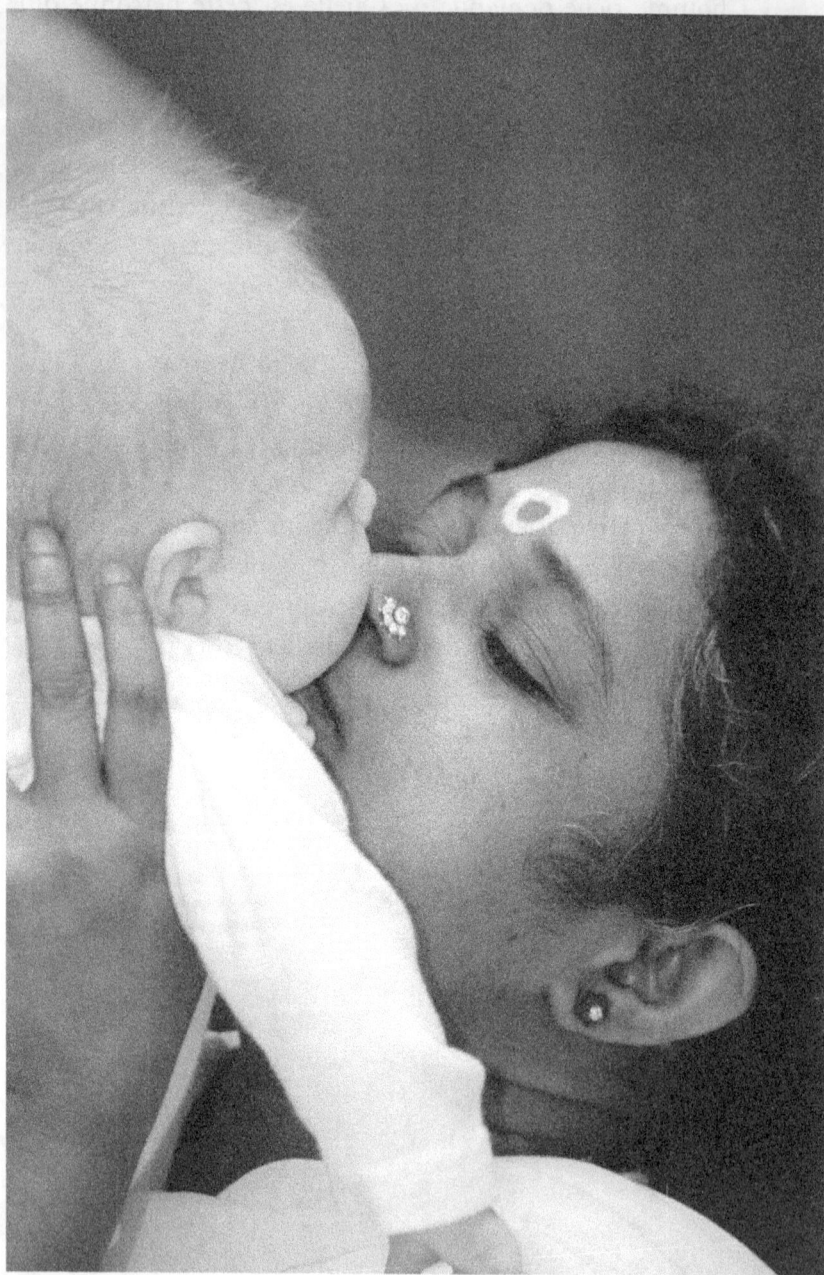

CHAPITRE DOUZE

Une autre « pyramide de la fortune »

J'ai récemment lu un article rédigé par Justin Fox, directeur du *Harvard Business Review Group* ; ce journaliste écrit également des articles sur le commerce et l'économie pour le *Time Magazine*. Il s'agit d'un article court, mais écrit avec goût, dans un style agréable, sous la forme d'une fable. L'auteur y narrait sa rencontre avec l'expert en management, feu C.K. Prahlad.

Un mois avant le décès de Prahlad, Justin Fox déjeuna avec lui à New York. Au cours de leur conversation, il nota succinctement les idées qu'il développait. Après sa mort, alors que l'écrivain nettoyait un jour son sac à dos, il y découvrit plusieurs pages couvertes de notes : celles qu'il avait prises lors de leur repas en commun. Voici comment Justin Fox rendit compte des pensées exprimées par CK Prahalad :

« Dans les années 1850, une machine à coudre coûtait cent dollars. Comme une famille américaine disposait d'environ cinq cents dollars de revenus annuels, c'était là un prix inabordable pour la grande majorité. Puis, en 1856, l'entreprise I.M. Singer introduisit un système de paiement à terme. Les ventes triplèrent dès la première année. Singer fut la première entreprise américaine à connaître un succès mondial et les clients, grâce à ce système, purent eux aussi s'enrichir et améliorer leur niveau de vie. » Il concluait par l'aphorisme : « Si vous fabriquez pour les pauvres, les riches peuvent acheter, si vous fabriquez pour les riches, les pauvres ne peuvent pas acheter. » C'est ce qu'il appelle, « La fortune au bas de la pyramide, » un modèle de commerce innovant, qui consiste à gagner de l'argent en répondant aux besoins des plus pauvres. En écho au livre de Prahlad, « *La fortune au bas de la pyramide* », l'article de Justin Fox s'intitule « *La fortune au fond de mon sac à dos*, » ce qui est une manière de lui rendre hommage et fait allusion aux notes retrouvées dans son sac à dos.

Dans quelle mesure ce modèle, qui consiste à « fabriquer pour les pauvres pour que les riches en profitent » est-il juste?

Le point de vue d'Amma est très différent. Elle transforme les riches afin qu'ils aident les plus défavorisés. Selon elle : « Si les nantis parviennent à développer de la compassion, cela sera extrêmement bénéfique pour les pauvres. Comme ils disposent de fortunes immenses et des ressources nécessaires, ils seront prêts à secourir les malheureux, à condition qu'une transformation intérieure se produise. » Amma aide les « sans-le-sou » en suscitant ce changement chez les « possédants ».

« Il existe deux sortes de pauvreté dans le monde, dit-elle. L'une est l'absence d'amour et de compassion. L'autre est le manque de vêtements, de nourriture et d'abri. Si nous avons dans le cœur de l'amour et de la compassion, nous allons tout naturellement procurer aux nécessiteux nourriture, abri, vêtements, et les secourir. Le plus grand ennemi, c'est donc le manque d'amour ; c'est lui qu'il faut éliminer. » L'intention principale d'Amma, quand elle rencontre les gens et les étreint, c'est d'éveiller en eux l'amour pur et la compassion.

Amma aussi propose un modèle de « Pyramide de la fortune » ; il repose sur les découvertes effectuées par les sages d'autrefois. Cette pyramide s'élève jusqu'à un niveau de prospérité bien supérieur : une fortune qui apporte la richesse intérieure, celle qu'aucune possession extérieure ne peut nous procurer. Un des traits extraordinaires de ce modèle éprouvé, c'est qu'il nous permet de vivre dans la joie et le contentement même si nous ne possédons rien. Autre grand avantage de cette « fortune » : elle transforme aussi bien nos échecs que nos réussites en moments de fête.

Ne vous y méprenez pas : ce modèle ne mène pas aux pertes financières, aux échecs et à la ruine. Bien au contraire, il nous conduit vers des sommets de réussite matérielle et spirituelle.

Une « fortune » se trouve également au bas de cette « pyramide ». Amma dit : « Comme une pyramide, la vie humaine a quatre côtés : *dharma, artha, kama* et *moksha* (la quête de la vertu, celle de la fortune, celle du plaisir et celle de la libération). » Ces quatre aspects sont les pierres d'angle de la vie. Ils sont essentiels à la survie d'un individu. Gagnez de l'argent et jouissez des plaisirs, mais faites-le en accord avec la loi de l'univers, le dharma. Soyez en harmonie avec cette loi. Cela vous mènera au bonheur durable et à la liberté absolue. Comparez les deux modèles et vous découvrirez que celui que recommandaient les sages de jadis est infiniment supérieur. Il permet d'acquérir non seulement des biens matériels, mais aussi la paix intérieure.

Monsieur Ron Gottsegen était un homme d'affaires américain très prospère quand il rencontra Amma lors de sa première tournée aux Etats-Unis, en 1987. Il avait créé une entreprise nommée *Radionics*, qui fabriquait des systèmes d'alarme électroniques. En fait, il est l'inventeur du premier système de sécurité électronique programmable. Je le cite : « Quand j'ai rencontré Amma, j'avais déjà fait mes preuves, en indépendant, hors de ma famille. Ce besoin-là avait été satisfait et ma réussite commerciale était assurée. Le succès avait été assez rapide et facile, bien qu'il ne fût pas mon but principal. Il ne changea rien à mon mode de vie. En fondant une entreprise qui fabriquait des produits de qualité, reconnue comme leader industriel, j'avais surtout cherché à exprimer ma créativité. Les relations amoureuses ne me satisfaisaient pas, elles furent au contraire toujours une source de désagréments, au point que j'en vins à préférer la solitude. Ignorant de ma véritable nature, je manquais de maturité émotionnelle. Il y avait quinze ans que j'étais divorcé et j'avais la garde de mes deux garçons depuis qu'ils étaient âgés de onze et treize ans. »

La rencontre avec Amma marqua le point de départ d'une grande transformation pour Ron. Sa vie évolua peu à peu jusqu'à ce que se produise en lui une prise de conscience.

Il déclare : « Je suppose que mon destin était tracé d'avance, mais j'ai le sentiment que les quarante premières années de ma vie m'amenèrent au point où les valeurs conventionnelles, matérialistes, perdirent tout attrait pour moi. »

Mieux vaut laisser la parole à Ron pour raconter la suite de son histoire : « Je n'avais jamais réussi à pénétrer sous la surface des choses et à comprendre le monde, ni à guérir mes vieilles blessures intérieures, ni encore à changer mes schémas de pensée et d'action pour trouver le calme et la tranquillité. Mais au cours des vingt-six années où j'ai fréquenté Amma, je suis parvenu à approfondir ma compréhension des choses, à briser de vieux fonctionnements néfastes et à renforcer ceux qui étaient bénéfiques. Le facteur essentiel, dans cette transformation, fut la possibilité de servir la cause d'Amma avec amour. C'est ainsi que mon intuition a gagné en profondeur et que la sagesse a pu s'exprimer. A mesure que s'affermissaient ma foi et ma conviction, ma force intérieure augmentait et j'ai fini par atteindre un état de joyeuse tranquillité. Ce fut une période très fructueuse pour mon développement personnel. J'ignore ce qui m'attend, mais cela importe peu dans la mesure où j'ai le sentiment très concret de couler avec le flot. Je dois une reconnaissance éternelle à Amma pour ce qu'elle m'a donné et me donne encore. »

Notre ambition de gagner toujours plus d'argent, cette convoitise insatiable, est un signe du désir intérieur, subtil, de nous élargir. Manifestée sous cette forme, cette soif indique en vérité la nature de notre Soi, qui est la joie même. Nous cherchons le bonheur à l'extérieur, alors qu'il se trouve à l'intérieur. C'est pourquoi, quelle que soit notre réussite matérielle, elle ne nous rendra jamais vraiment heureux.

L'argent et le bonheur peuvent coexister paisiblement. Aucun des textes religieux, aucune des Ecritures ne s'oppose à la création de richesses. Cette idée est clairement développée dans une des Upanishads majeures, la *Taittiriya Upanishad*. Le texte mentionne quatre buts de la vie humaine : obtenir la richesse, la pureté du cœur et de l'esprit, la connaissance et des élèves.

Bien que la richesse vienne en tête de cette liste, l'Upanishad dit : « Après cela, amenez-moi *Lakshmi Devi,* la déesse de la prospérité. Le mot « après » signifie ici : « Après avoir obtenu la sagesse. » L'argent ne devrait venir qu'une fois acquise la connaissance du dharma - les règles de l'éthique -, faute de quoi il mène à la ruine et au malheur. Un des problèmes majeurs, surtout dans les pays riches, c'est que les gens ignorent le bon usage de l'argent. Ce texte des Ecritures nous l'enseigne clairement.

L'ordre des mots est significatif. Il s'agit d'acquérir des biens car il faut de l'argent pour vivre et agir dans notre domaine. Il nous est donc demandé d'utiliser nos richesses pour le bien de la société. Comprenons d'abord comment employer cet argent de manière juste, avec sagesse. Quand nous usons de notre richesse avec altruisme, pour contribuer à l'amélioration de la société, c'est notre cœur qui est purifié. Grâce à cela, il nous est ensuite possible d'acquérir la Connaissance réelle, ce qui est le but suprême de la vie. Ensuite, il nous appartient d'enseigner, afin de préserver la tradition de la justice, le dharma.

La connaissance du dharma, c'est ce qui caractérise Amma en tant que leader. « Tout centime reçu doit être rendu à la société avec le maximum d'intérêts. Ainsi, nous aurons toujours assez. » Telle est sa politique. Elle est fidèle à son enseignement. Son corps même est devenu une offrande au monde. « Le corps périra un jour ou l'autre, dit-elle. Donc, plutôt que de rouiller sans rien faire pour tirer la société vers le haut, je préfère user mon corps en l'offrant au monde. La plus grande des tragédies, ce n'est pas la mort, c'est de laisser nos ressources intérieures rouiller, inemployées. Tout ce que nous avons est un cadeau, il est donc impossible de rien revendiquer comme nôtre. Au mieux, nous pouvons redonner à l'univers ce que nous avons reçu et utiliser notre corps, notre esprit, notre intellect et nos biens au service de l'ensemble de l'humanité. »

La défunte Yolanda King, la fille de Martin Luther King Junior, directrice du Centre Martin Luther King, (USA) était une grande admiratrice d'Amma. Voici comment elle l'exprimait : « Ce que je chéris le plus chez Amma, c'est qu'elle ne se contente pas de parler et d'incarner l'amour inconditionnel, mais qu'elle exprime cet amour par des actes. Ses actions sont conformes à ses paroles ! Elle est elle-même le changement qu'elle souhaite voir se produire dans le monde. »

CHAPITRE TREIZE

La puissance du respect

"Comme la fumée cache le feu et la poussière recouvre le miroir, comme l'embryon repose, profondément enfoui dans la matrice, les désirs égoïstes voilent la sagesse."

Bhagavad Gita

"Ni le feu, ni la moisissure, ni le vent ne peuvent anéantir la bénédiction constituée par de bonnes actions, et les bénédictions illuminent le monde entier."

Bouddha

Certains personnages restent dans la mémoire collective à cause de la cruauté et de l'inhumanité de leurs actions, d'autres à cause de leur courage inébranlable et de leur patriotisme.

Une poignée d'hommes a donné l'exemple et manifesté les qualités d'un bon chef. Mais rares sont les phares qui éclairent la voie de l'humanité : on célèbre leur amour inconditionnel envers tous, leur courage et aujourd'hui encore, leur exemple continue à générer des cercles vertueux. Ni les critiques ni le passage du temps n'affectent leur gloire et leur splendeur.

Comme l'exprime fort justement la Bhagavad Gita :

« Celui qui voit d'un même œil les êtres bons, les amis, les ennemis, les indifférents, les gens neutres, ceux qui ont le

cœur plein de haine, la famille, le juste et le méchant, celui-là excelle. »

Créer un impact durable dans le cœur des gens, et léguer aux générations suivantes l'inspiration et le sens du respect n'est pas un chemin jonché de roses. Si la voie était facile, beaucoup l'auraient suivie, comme un fleuve coule gaiement jusqu'à la mer, en s'amusant à faire des méandres. Mais il s'agit d'un mode de vie austère ; le sentier est parsemé d'échecs et de critiques plus que de succès et de moments joyeux. Les esprits médiocres ne comprendront jamais des êtres à l'esprit aussi large, capables de tout pardonner. Ces êtres splendides ont toujours subi des humiliations. Mais leur conviction de la justesse des valeurs qu'ils incarnent est aussi ferme et inébranlable qu'une montagne. Les difficultés auxquelles ils sont confrontés ne font qu'approfondir leur foi, donner plus de force à leurs actions et cela leur permet d'accomplir la mission qu'ils ont entreprise.

Selon Amma : « L'éducation, l'acquisition de connaissances, la science et la technologie nous permettront peut-être d'atteindre des sommets inimaginables, mais s'il en résulte une génération immature sur le plan psychique et émotionnel, totalement dénuée de discernement et de respect, nous aboutirons à une véritable catastrophe. Si vous me demandez ce qui est le plus important, les droits ou le respect, je dirai que le plus important est de réclamer ses droits avec respect. Affirmer ses droits sans aucun respect pour autrui ne fait que développer notre ego. Mais si nous réclamons nos droits de manière respectueuse, notre amour, notre compréhension et notre confiance formeront un pont vers les autres. Si nous abordons autrui avec un respect fondé sur une compréhension profonde et l'acceptation mutuelle de nos différences, la communication deviendra un dialogue authentique. »

En 2001, un tremblement de terre a dévasté l'ouest du Gujarat, dans le nord de l'Inde. Vingt-deux mille personnes ont péri et la plupart des survivants se sont retrouvés sans abri. Notre ONG a adopté trois villages dans une région un peu isolée, le Bhuj. A notre arrivée, les habitants craignaient que nous ne voulions influencer leur culture, leur religion et leur mode de vie. Patiemment, nous leur avons expliqué que nous souhaitions rebâtir leurs villages exactement selon leurs désirs. Nous avons construit pour les victimes mille deux cents maisons, des temples, des mosquées, des églises et d'autres lieux de prière.

Trois ans plus tard, en 2004, un tsunami a frappé l'Asie du sud et la zone côtière où se trouve le quartier général de notre ONG, près de la Mer d'Oman, a été inondée. Dès que les gens du Bhuj l'ont appris, des centaines d'entre eux, oubliant toutes les différences de culture et de religion, sont accourus pour nous aider à secourir les victimes. Quand les journalistes leur demandèrent pourquoi ils avaient fait ce long voyage depuis le nord de l'Inde, ils répondirent : « Lorsque nous avons subi des pertes et que nous étions dans la souffrance, l'ONG d'Amma n'a pas tenté de changer notre religion, notre culture ou notre mode de vie. Avec compassion, elle nous a donné ce que nous demandions. Nous avons envers elle une dette éternelle. »

Si l'on compare avec le Kérala, les habitants du Bhuj ont des traditions, des habitudes alimentaires et un style de vie différents. Le fait que notre ONG ait respecté et reconnu leurs traditions leur a insufflé le désir d'aider à leur tour les autres, de tout leur cœur. Depuis lors, quand une catastrophe naturelle se produit en Inde, les villageois du Bhuj arrivent sur les lieux pour aider nos bénévoles.

Nous avons eu des expériences similaires avec certaines des populations tribales du Kérala et d'autres états. Les bénévoles de notre ONG sont allés vivre dans ces villages et ont gagné la confiance des habitants. Nous avons ainsi pu comprendre leurs problèmes et les aider à trouver des solutions. Ils ont été si touchés que nous les aidions tout en respectant leur mode de vie, qu'ils ont souhaité eux aussi épauler les autres. Ils cultivent maintenant des légumes supplémentaires pour nourrir les pauvres.

Laissez-moi une fois encore citer Amma : « Il ne suffit pas de donner de l'insuline à un diabétique. Il faut aussi lui enseigner à se nourrir correctement et à faire de l'exercice pour stabiliser son taux de sucre dans le sang. De même, bien que les gouvernements s'efforcent de réduire la pauvreté, il n'est pas suffisant de se préoccuper uniquement des besoins matériels et de donner de la nourriture, de l'argent et un toit. Il faut également nourrir l'esprit. La nourriture de l'âme, c'est l'amour. Là où il y a de l'amour, il y a du respect. 90% des problèmes dans le monde actuel sont causés par le manque d'amour, de compassion et de mansuétude. Comme le corps a besoin de nourriture pour se développer, l'âme a besoin d'amour pour grandir et s'épanouir. Un tel amour engendre une attitude de respect. C'est notre seul espoir pour l'avenir. »

Voici une citation tirée des Ecritures de l'Inde :

Matru Devo Bhava, Pitru Devo Bhava,
Acharya Devo Bhava, Athithi Devo Bhava.

Considère la mère comme Dieu, le père comme Dieu, le maître comme Dieu et l'invité comme Dieu.

Certaines lignes aériennes privées, en Inde, appellent leurs passagers des « invités », pour qu'ils se sentent les bienvenus. Lorsque nous invitons quelqu'un, l'hospitalité exige que nous traitions la personne avec amour et respect, n'est-ce pas ? Faisons un effort d'imagination : que les bureaux de notre entreprise nous appartiennent ou que nous soyons en location, nous sommes chez nous. Même si les employés qui travaillent dans ce lieu sont payés, ne sont-ils pas en fait nos invités ? Nous les avons conviés, bien que dans ce cas, l'invitation se nomme « lettre d'embauche ». En considérant les choses de ce point de vue, le fait de traiter les salariés avec amour et respect n'est-il pas dans le contrat de travail ?

Il ne s'agit en aucun cas d'organiser quotidiennement des divertissements, des fêtes, des surprises parties. Il ne s'agit pas non plus pour les patrons d'avoir chaque jour des sessions interactives, à cœur ouvert, avec leurs managers et leurs employés. Je veux simplement dire qu'au lieu de considérer les membres de notre équipe uniquement comme des employés dotés d'un certain savoir-faire, nous devrions nous efforcer de considérer leur présence dans l'entreprise comme une valeur. Chaque fois que l'occasion s'en présente, exprimez-leur votre gratitude pour leur participation dans l'équipe, avec un sourire chaleureux et quelques compliments. Quelques questions attentionnées à propos de leur famille peuvent avoir un effet considérable.

J'observe cela sur une vaste échelle dans la vie d'Amma. Face à des foules immenses, j'ai été témoin de la sollicitude qu'elle manifeste à toutes les personnes rassemblées, mais surtout aux malades et aux personnes âgées. Dès qu'elle commence à recevoir personnellement les gens, la première question qu'elle pose à ceux qui travaillent à côté d'elle est toujours : « Avez-vous veillé à ce que l'on s'occupe correctement des malades et des personnes âgées ? Dites aux bénévoles de les amener en priorité. Apportez-leur à manger et dites à leur famille de leur donner les médicaments en temps voulu, surtout s'ils sont diabétiques ou s'ils ont de la tension. Il faut aussi donner la priorité aux mères qui ont des petits enfants. » Bien souvent, Amma prend elle-même le micro et fait toutes ces annonces.

Quand il fait trop chaud le jour ou trop froid la nuit, Amma donne aussitôt des instructions pour abriter les gens du soleil ou installer des chauffages.

L'ex-PDG, Jim Sinegal, qui fonda Costco et en fit la troisième entreprise de vente au détail des Etats-Unis, était connu pour traiter les employés avec justice et bonté. Il a créé un système qui récompense coquettement les employés, alors même que ses concurrents réduisaient les avantages accordés aux salariés *(retraite, assurance maladie, etc.)*. Costco est connu pour offrir des salaires plus élevés que la moyenne aux vendeurs et magasiniers. Le résultat ? Peu de départs dans le personnel, peu de frais de formation et le sentiment que l'entreprise forme une famille.

Ils n'ont guère besoin de recruter car les employés sont heureux de donner le mot à leur famille et à leurs amis. Quatre-vingt-six pour cent des employés bénéficient d'une assurance maladie et de mesures sociales (retraite etc.), bien que la moitié d'entre eux travaille à temps partiel. Le salaire moyen est de dix-neuf dollars par heure. Et Cosco n'a pas eu besoin de licencier pendant la récession.

« C'est vraiment très simple. C'est une bonne affaire. Quand vous recrutez des gens valables, que vous leur donnez un bon emploi, un bon salaire et une carrière, tout va bien. Dans tout ce que nous faisons, nous essayons de faire passer un message de qualité. Et cela commence par le personnel, nous en sommes convaincus. Il ne sert pas à grand-chose d'avoir une image de qualité, qu'il s'agisse des magasins ou de la marchandise, si ce ne sont pas des vendeurs de qualité qui s'occupent des clients. »

Sinegal était un bon exemple d'humilité. Son bureau était dans le couloir, au quartier général de Costco Issaquah, état de Washington. Il n'avait pas de porte fermée, pas même une paroi de verre entre le reste des employés et lui. Tout le monde pouvait passer et lui parler, à tout moment. Il donnait aussi volontiers son numéro de portable, alors que la plupart des directeurs demandent aux gens d'appeler la secrétaire, qui lui passe ensuite l'appel.

Sinegal ne s'entourait pas d'une armée de subordonnés. Bien qu'il fût à la tête d'un empire de soixante-seize milliards de dollars, il était honnête, franc, et avait l'esprit très pratique.

Son bureau était une table pliante au dessus en formica (solde de chez Costco). Aucun luxe pour cet homme. Mais surtout, parce que ses employés et ses clients avaient pour lui une grande valeur, il écoutait constamment leurs remarques en s'efforçant de comprendre comment les servir encore mieux.

En ce qui concerne la gestion du temps, comment pouvons-nous, avec la vie affairée que nous menons, trouver le temps d'exprimer un respect sincère et de la sollicitude envers tous les gens avec lesquels nous travaillons ? Amma est une des personnes les plus occupées du monde. Elle travaille sept jours par semaine, 365 jours par an. Elle travaille vingt-quatre heures sur vingt-quatre, sans jamais prendre un jour de repos. Après avoir passé des heures à rencontrer les gens, quand elle rentre dans sa chambre, la nuit, elle trouve encore le temps de lire toutes les lettres, de passer un coup de fil à un bénévole qui travaille sur un des projets humanitaires, d'élaborer de nouveaux plans et d'en débattre.

La maturité n'a rien à voir avec l'âge. Il existe une grande différence entre la maturité et le vieillissement. La maturité ne vient que lorsque nous prenons une résolution et que, au moyen de la méditation, nous dissolvons tous les mauvais sentiments accumulés envers autrui. Consacrez un peu de temps chaque jour à vous remémorer les sentiments blessés, les blessures qui ne sont pas guéries, qu'elles aient été causées par une personne proche ou non. Visualisez mentalement la personne et imaginez que vous tenez une rose magnifique et parfumée. Imaginez que la beauté de la fleur remplit votre cœur et votre âme. Avec une prière « Puisse ma vie s'épanouir comme cette fleur, » offrez-lui la fleur en disant : « Je te pardonne. S'il te plaît, pardonne-moi si je t'ai fait du mal. »

La sagesse vient peu à peu, quand nous dépassons les émotions négatives en les intégrant. Transcender le passé, c'est cela la maturité. Si nous n'y parvenons pas, alors nous vieillissons, c'est tout. Mais il est stupide d'attendre aussi longtemps pour acquérir la sagesse et la maturité. Si nous en avons le désir, nous pouvons les atteindre beaucoup plus tôt. Comme le dit Amma, « Nous allons à l'école dès la maternelle, nous mangeons et nous dormons. L'assimilation et la pratique des valeurs devrait faire tout autant partie intégrante de notre vie. »

Seul un responsable qui a la maturité requise est capable de respecter et d'aimer son équipe. Le respect et une sollicitude sincère sont les deux qualités principales que devrait posséder un bon leader. Beaucoup de jeunes leaders et de managers ont des idées brillantes. Ils ont une vivacité et un enthousiasme incroyables, ainsi que la capacité de changer le monde. Mais il faudrait en outre qu'ils aient du respect pour autrui. Malheureusement, l'irrespect est la caractéristique de nombreux jeunes.

Amma affirme : « En réalité, la jeunesse est l'axe central de la vie. Un jeune n'est plus un enfant et il n'est pas encore adulte. Les jeunes ont une énergie inimaginable. Si elle est canalisée correctement, ils peuvent entraîner leur esprit et puiser dans l'énergie infinie disponible dans le moment présent. Malheureusement, la phase de la vie humaine que nous appelons la jeunesse est en train de disparaître. Aujourd'hui, les gens passent directement de l'enfance à la vieillesse, sans jamais mûrir. Ce manque de maturité empêche le développement de l'amour et du respect. »

Voici un court et beau poème de Shel Silverstein, auteur et artiste, dessinateur humoristique, dramaturge, poète, acteur, parolier et interprète. Il gagna un Grammy et fut nommé pour un Oscar.

Le petit garçon et le vieil homme

« Je fais parfois tomber ma cuillère, » dit le petit garçon.
« Cela m'arrive aussi, » dit le vieil homme.

« *Je mouille mes pantalons,* » *murmura le petit garçon.* « *Moi aussi, dit en riant le vieil homme.*

« *Je pleure souvent* », *dit l'enfant.* « *Moi aussi,* » *fit le vieil homme en hochant la tête.*

« *Mais le pire, dit le petit, c'est que les adultes ne font pas attention à moi.* »

Et il sentit la chaleur d'une vieille main ridée.

« *Je te comprends,* » *dit le vieillard.*

CHAPITRE QUATORZE

Ahimsa (la non-violence) en action

Selon moi, le monde se divise en deux parties : une partie est elle, et là sont le bonheur, l'espoir et la lumière ; une autre partie où elle est absente, et là sont la tristesse et les ténèbres.

Léon Tolstoï, Guerre et paix

Voici mon interprétation des paroles de Léon Tolstoï : « elle » désigne le féminin et « Là où elle est absente » est le masculin. Cela est presque semblable à l'*ardhanariswara*, de l'hindouisme, qui représente Dieu moitié dieu moitié déesse, ce qui symbolise les énergies féminines et masculines, le *yin* et le *yang*.

La guerre et la paix sont objectivement dans la nature du monde. Quand il n'y a pas de conflit extérieur, il y a des conflits intérieurs. Les conflits intérieurs expriment des conflits extérieurs. C'est un cercle vicieux. Il n'est donc guère possible de pratiquer la non-violence (*ahimsa*) absolue. Ce qu'il nous faut, c'est une forme de non-violence applicable. C'est une idée profonde, mais existe-t-il un moyen de mettre en pratique cette noble vertu sans gêner nos activités dans le monde ? Il vaut mieux éviter de s'entendre dire : « L'idée est bonne, mais elle n'est pas applicable. »

A mon sens, c'est Sri Krishna qui a pratiqué la forme la plus sensée d'*ahimsa*. Ni lui ni les frères Pandava n'avaient choisi de mener la bataille de Kurukshetra. Duryodhana et ses frères, conseillés et influencés par leur père, physiquement et psychologiquement aveugle, et par leur oncle, le méchant Sakuni, portent l'entière responsabilité de cette guerre. Ils complotèrent, ils trichèrent et s'approprièrent tout ce qui revenait de droit aux Pandavas. Ils chassèrent leurs cousins Pandavas hors du pays et essayèrent même plusieurs fois de tuer les cinq frères, des hommes justes.

Quand les frères Pandavas revinrent après avoir passé treize longues années dans la forêt, les Kauravas se montrèrent inflexibles, ils refusèrent de leur rendre leur royaume et leurs autres privilèges. Krishna déploya alors des trésors de diplomatie pour tenter de conclure la paix et d'éviter la guerre, ainsi que la terrible destruction qui allait s'ensuivre. Mais tous ses efforts échouèrent quand le méchant Duryodhana proclama avec arrogance : « Je peux sacrifier ma vie, mes biens, mon royaume, tout, mais je ne pourrai jamais vivre en paix avec les Pandavas. Je ne leur donnerai pas même assez de terre pour y planter la pointe d'une aiguille. » Il trouva des excuses à son caractère : « Je suis ce que les dieux m'ont fait. » Il claqua ainsi la porte à la paix et choisit inéluctablement la guerre. Or quiconque agit de la sorte doit un jour récolter le fruit de ses actes, aussi riche, puissant, arrogant et savant qu'il soit. Ce fut sans nul doute le cas de Duryodhana, qui connut une mort cruelle.

Quand on nous refuse ce qui nous revient de droit, avons-nous le choix ? Si quelqu'un s'acharne à nous détruire, est déterminé à nous jeter à la rue ou bien nous dénie le droit de vivre, que pouvons-nous faire d'autre que nous battre et lutter pour nos droits ? C'était vrai il y a cinq mille ans et l'est encore aujourd'hui. Tout individu, toute nation qui se respecte, tout membre de la communauté internationale refuserait d'accepter une telle situation.

Le *Mahabharata* constitue la description puissante et concrète d'une situation très réelle, il nous y plonge et nous donne les clés pour l'affronter. Dans la *Bhagavad Gita*, c'est au milieu du vacarme et des rugissements du champ de bataille que Krishna dispense son enseignement à Arjuna et lui fait comprendre qu'il doit accomplir son devoir de guerrier. Nulle part ailleurs, dans l'histoire de l'humanité, on ne trouve un exemple aussi extraordinaire de calme au milieu du chaos.

La guerre du *Mahabharata* est sur le point de commencer. Soudain, l'attachement suscite chez Arjuna une émotion intense. Terrassé par le chagrin, il dépose son arc et refuse de combattre. Rappelez-vous que les ennemis, eux, étaient déterminés à l'exterminer, lui, ses frères et toute leur famille. Arjuna, éperdu de douleur, est en proie au délire et à l'illusion. Au lieu d'accomplir son devoir et de protéger le peuple et le royaume, il se met à philosopher. En cet instant critique, la tâche apparemment impossible d'aider Arjuna à surmonter la situation, de lui insuffler la foi et le courage nécessaires pour combattre et gagner la guerre, revient à Krishna. Chacun de nous rencontre dans sa vie des défis, des situations qui peuvent le plonger dans un désespoir similaire à celui d'Arjuna. Il est donc important d'avoir un guide comme Krishna.

Ahimsa signifie certes que l'on ne blesse personne, ni en actes ni en paroles. *Ahimsa* veut dire s'abstenir de faire consciemment mal, et inclut aussi une attitude non-violente envers soi-même. Certains considèrent même le fait de cueillir un fruit comme une violence, *himsa*. S'il en est ainsi, manger un fruit mûr tombé de l'arbre est aussi *himsa*, parce que nous mangeons souvent les graines du fruit. En mangeant les graines, ne détruisons-nous pas les plantes qui auraient pu pousser ? Inconsciemment, est-ce que nous ne tuons pas d'innombrables créatures en marchant, en parlant, en respirant, en mangeant ou en buvant ?

Les journées libres sont très rares avec Amma. Que ce soit dans notre centre principal, au Kérala, ou bien lorsque nous voyageons dans d'autres parties du monde, la politique d'Amma est toujours de donner le maximum. Amma agit ainsi depuis quarante ans.

Voici une anecdote qui s'est déroulée il y a quelques années, en Suisse. C'était une de ces rares occasions où nous profitions d'une journée libre. Ce soir-là, Amma a fait une promenade et nous étions quelques uns à l'accompagner. Nous nous sommes tous assis auprès de quelques pommiers. La propriétaire du terrain était avec nous.

C'était une soirée agréable, claire et ensoleillée. Une nature généreuse nous entourait et nous respirions l'air pur. Pendant un moment, environ une demi-heure, nous avons goûté le silence intérieur. Puis quelqu'un demanda à Amma s'il existait une solution aux problèmes du monde actuel.

Amma a répondu : « En un mot, « l'amour ». En deux mots « l'amour et la compassion ». Si vous ajoutez à cela « la patience », nous pouvons résoudre tous les problèmes majeurs qui existent dans le monde. Laissez ces qualités avoir une influence prédominante dans votre vie. En fait, il suffit d'en pratiquer une, les autres suivront. »

Au moment où nous allions nous lever pour partir, Amma voulut distribuer quelque chose. Comme nous n'avions rien, quelqu'un suggéra qu'Amma cueille quelques pommes. Elle se leva et s'approcha d'un des pommiers. Elle toucha d'abord l'arbre délicatement, avec amour, et le caressa. Puis, en joignant les mains, elle s'inclina devant l'arbre et prononça les paroles suivantes : « Pardonne-moi, je t'en prie, et permets-moi de cueillir quelques pommes… » Pendant quelques secondes, elle parut attendre la permission de l'arbre, puis elle cueillit doucement quelques pommes bien mûres. Avant d'aller se rasseoir, Amma s'inclina encore une fois devant l'arbre.

Avant de partir, Amma prit quelques pétales de fleurs, les offrit à l'arbre en signe de vénération. Puis elle prit la bouteille d'eau d'un des membres du groupe et arrosa le pied de l'arbre en disant : « Tu es prêt à tout partager, et cette vertu te donne une grande beauté. Puisse ton exemple rester dans les mémoires et inspirer tous ceux qui t'approchent. »

Dans un de ses discours, Amma affirme : « Dans la plupart des cultures traditionnelles, on protégeait, on préservait et surtout on vénérait la nature. Il nous manque ce respect, cette vision pleine de compassion que nos ancêtres avaient pour toutes les formes de vie. Si nos efforts pour préserver la nature ne réussissent pas toujours, il faut l'attribuer en grande partie à cette absence de vénération. »

L'*ahimsa* authentique, c'est l'amour qui déborde et se manifeste par des actes de compassion. Dans presque tous les domaines, nous avons des visionnaires. Mais ce qui nous manque en réalité, ce sont des êtres qui ont une « perspective globale » de la vie, une vision plus large dans leur action pour le bien commun.

Assumer un leadership avec compassion ne signifie pas qu'il faut s'abstenir d'agir, garder le silence et avaler toutes les humiliations et les actions injustes commises envers vous ou envers d'autres personnes. Il s'agit plutôt d'une attitude dénuée de peur, de la capacité extraordinaire de rester vigilant et pleinement conscient dans toutes les situations. La lumière du jugement juste, du discernement et de la maturité n'abandonne jamais un leader plein de compassion.

Lorsqu'Amma commença à recevoir les gens, à étreindre ceux qui venaient à elle, les membres de sa famille protestèrent et exprimèrent une désapprobation totale. D'une certaine manière, c'est compréhensible, parce qu'une jeune fille prenant dans ses bras des gens de tous les âges, quel que soit leur sexe, c'était inconcevable dans leur culture.

Ils craignaient que ce comportement ne déshonore irrémédiablement toute la famille. Ce qui les inquiétait surtout, c'était le risque que plus personne, dans les familles respectables, ne veuille épouser les filles de leur famille.

Mais tous leurs efforts pour empêcher Amma de continuer ce « comportement étrange » furent vains. Un de ses cousins l'enferma alors dans une pièce, brandit un couteau, et menaça de la tuer si elle ne cessait pas d'étreindre les gens. Mais elle demeura imperturbable et ne céda pas d'un pouce. Elle répondit calmement : « Tue-moi si tu le désires. Mais quoi qu'il arrive, je ne changerai pas ma façon d'agir. Je désire offrir ma vie au monde, réconforter et consoler ceux qui souffrent, et cela jusqu'à mon dernier souffle. Je me suis entièrement vouée à cette cause. » Le Mahatma Gandhi a observé avec justesse : « Un « non » formulé avec la conviction la plus profonde vaut mieux qu'un « oui » émis du bout des lèvres, pour plaire, ou pire encore pour s'éviter des ennuis. »

Devant quelqu'un qui manifeste un courage et une intrépidité inébranlables, y compris face à la mort, l'agresseur, aussi vicieux soit-il, se sent soudain faible et désarmé. Face à la volonté inflexible d'Amma et à la fermeté de ses paroles, le cousin, choqué, quitta la pièce complètement désespéré.

Quelques mois plus tard, il tomba malade, et Amma lui rendit visite à l'hôpital. Elle s'assit à côté de lui, lui donna à manger et lui parla avec gentillesse. Il éprouvait des remords. La visite d'Amma et ses paroles affectueuses l'aidèrent à s'ouvrir. Il confessa son erreur et lui demanda pardon et elle l'aida à retrouver la joie et la paix. Il faut être sans peur pour pardonner, et celui qui pardonne est libéré de la peur. A vrai dire, nul ne peut être un bon leader à moins d'être capable de pardonner. Le pardon consiste à oublier le passé.

Cette histoire est un exemple unique de pardon et d'absence de peur. Si le chef est une lumière capable d'illuminer toute une ville, ceux qu'il guide s'efforceront d'être au moins de petites bougies.

Lors du tsunami de 2004, Amma manifesta une intrépidité absolue. Juste après la deuxième vague, quand même les nageurs expérimentés et les pêcheurs, dont le métier est d'aller en mer, semblaient paralysés par la crainte, Amma fonça dans les eaux qui avaient recouvert le sol. Une autre vague aurait pu survenir, mais elle ne s'inquiétait pas le moins du monde d'elle-même. Elle ne se préoccupait que des autres.

« Ne disons pas 'Protège-nous des dangers' lorsque nous prions, mais 'Donne nous le courage de les affronter. »

—Rabindranath Tagore

CHAPITRE QUINZE

Agressivité ou fermeté

L'état du monde ne serait pas aujourd'hui si déplorable si nos grands-parents avaient eu assez de sagesse pour prendre les bonnes décisions. Outre le fruit de nos erreurs, nous récoltons celui de leurs actes. Cela dit, rappelons-nous que nos actions affecteront les générations futures. Visiblement, nous ne donnons pas le bon exemple. Beaucoup d'entre nous se demandent ce que l'avenir réserve aux générations futures, à nos enfants et petits-enfants.

Notre folle arrogance a déjà causé des dommages irréparables à la nature et à l'ensemble de l'humanité. Nous rencontrons partout des êtres atteints de ce que j'appellerais « le complexe de l'élu ». Il n'est pas rare de voir un officier de police nouvellement recruté, un directeur qui vient d'être nommé, des professionnels, des artistes, des ouvriers et même des chercheurs spirituels et des chefs religieux, bref, des gens dont le comportement proclame : « Je n'ai pas de leçon à recevoir de vous ».

D'après ce que j'ai pu observer, il existe trois sortes d'orgueilleux : les orgueilleux extrêmes, les orgueilleux diplomates et les orgueilleux humbles, subtils. Il est facile de reconnaître les premiers. Leur nature s'exprime ouvertement. On ne peut pas y faire grand-chose, sinon prendre des mesures de précaution.

Il n'est pas difficile non plus de repérer les orgueilleux diplomates. Juste sous la surface, on voit leur ego prêt à bondir. Les orgueilleux humbles, en revanche, ne sont pas si faciles à détecter. Ils portent presque toujours un masque qui nous empêche de les découvrir. Leur façon de communiquer, le choix de leurs mots, le ton qu'ils emploient et leur apparence extérieure respirent l'humilité, et sont extrêmement trompeurs. De tels personnages sont beaucoup plus dangereux que ceux qui expriment franchement leur ego. En outre, leur ego est le plus souvent subtil, mais plus fort que celui des deux autres groupes.

Selon Amma, l'arrogance est pareille à la fleur fraîchement éclose. La tête levée, avec orgueil, elle proclame : « Regardez-moi, voyez ma beauté. Je suis la plus admirable de toute la création. » Mais au crépuscule, la voilà fanée, épuisée, vaincue. La fleur baisse alors la tête, avant de choir au pied de la plante.

Notre caractère est profondément ancré en nous. Certains de ces forts penchants, de ces schémas de comportement et de ces habitudes sont innés, tandis que d'autres sont cultivés et développés pendant l'enfance. Pour employer des termes scientifiques, « C'est dans les gènes. » Puisque telle est la situation, il n'est guère possible de l'influencer de l'extérieur. La correction doit s'opérer de l'intérieur.

Citons ici Peter Drucker : « Pour se gérer soi-même, il faut se demander « Quelles sont mes valeurs ? L'éthique exige que l'on s'interroge : « Quelle personne est-ce que je désire voir le matin dans le miroir ? »

Or, le fait est que beaucoup de managers par ailleurs fort compétents ont le travers de se montrer maladroitement arrogants. Le problème, c'est que quand une telle personne s'auto-analyse, elle considère ce trait de caractère comme une vertu plutôt que comme un défaut. Un manager qui ne sait pas maîtriser son arrogance passe à côté de nombreuses occasions magnifiques.

J'ai observé comment Amma se comporte avec les gens de cet acabit. Il y a quelques années, à l'aéroport de Détroit, dans le Michigan, j'ai rencontré dans le salon de l'aéroport un homme qui était directeur dans une des multinationales de Détroit. Accompagné de sa famille, il se rendait en Inde, plus précisément dans le

Kérala, où il était né et avait grandi. Nous ne nous étions jamais rencontrés auparavant et pourtant, nous eûmes une conversation assez longue. A dire vrai, il s'agissait plutôt d'un monologue car c'était surtout lui qui parlait. Tout en me racontant sa vie, il insistait avec fierté sur le fait qu'il était athée. Cette répétition fréquente de ses convictions inébranlables d'athée me fit soupçonner qu'au fond de lui-même, il n'était pas si convaincu. Pour être honnête, plus il parlait, plus je le jugeais.

Il arriva un moment où je ne fus plus capable de supporter sa vanité et ses déclarations arrogantes.

Je pensai alors à cette citation d'Albert Einstein : « Ce qui me sépare de la plupart des soi-disant athées, c'est un sentiment de profonde humilité et de respect envers les secrets impénétrables qui gouvernent l'harmonie du cosmos. »

Pendant notre conversation, Amma entra dans le salon. Ce qui est extraordinaire chez Amma, c'est qu'aucune situation ne lui est jamais étrangère, quel que soit le pays où elle se trouve ou la culture des personnes avec lesquels elle communique. Elle entra comme toujours, simple et naturelle, sans afficher aucun air important.

Dès que mon « ami athée » aperçut Amma, son sourire s'évanouit. J'étais à côté de lui et j'ai vu son langage corporel changer, je sentis les vibrations hostiles qui émanaient de lui. Il recula vivement, mais Amma fut plus rapide. Avec un sourire, elle lui mit la main sur l'épaule et lui demanda : « Vous êtes du Kérala ? »

Il me lança un regard auquel je répondis par un sourire. Quand quelqu'un que l'on considère comme étrange, bizarre, vous accepte tout naturellement, il est difficile de rester fermé. Quand un enfant nous sourit, il est impossible de ne pas lui sourire en retour, même si c'est l'enfant de notre ennemi. L'homme paraissait stupéfait du comportement inhabituel d'Amma. Il fut bien obligé de répondre « oui ». Vint une autre question : « Est-ce que vous êtes de Trissur ? »

L'homme, visiblement surpris qu'Amma ait deviné sa ville natale, répliqua : « Comment l'avez-vous su ? »

« A votre accent, » répondit Amma.

« Depuis combien de temps vivez-vous aux Etats-Unis ? »

« Cinq ans seulement. »

A ce moment-là, sa femme et ses deux enfants s'approchèrent. Amma leur sourit et demanda : « C'est votre famille ? »

« Oui »

Amma appela les deux petites filles. Elle les câlina et les embrassa sur les deux joues. Alors leur mère posa spontanément la tête sur l'épaule d'Amma. Elle aussi reçut une étreinte affectueuse.

Le père de famille me regarda. Ses yeux n'étaient plus les mêmes qu'au début de notre rencontre. Il y avait dedans une petite étincelle. Pour abréger une longue histoire, ils restèrent tous assis autour d'Amma dans le salon, jusqu'au moment d'embarquer. Avant de quitter la pièce, lui aussi voulut être embrassé par Amma.

Cet homme finit par ôter le masque qu'il avait jusqu'alors porté. Il écouta alors avec intérêt et concentration ce qu'Amma avait à dire. Cependant, Amma avait auparavant écouté avec patience et attention sa profession de foi d'athée, l'histoire de sa famille et ce qu'il avait fait dans le passé.

C'est seulement quand il eut fini de parler qu'Amma dit : « Je suis d'accord avec ce que vous avez dit ; quelles que soient vos croyances, si vous avez de l'empathie pour ceux qui sont moins favorisés, si vous êtes prêts à aider les pauvres et les nécessiteux, je suis admirative. Chacun est libre de ses opinions politiques. Soyez athée, mais soyez humain et ayez foi dans les valeurs humaines. Comme tous les partis politiques dignes de ce nom, la spiritualité croit qu'il est juste et bon de servir nos frères humains, les pauvres, les miséreux. Il est presque impossible d'éviter de commettre des erreurs. Puissent nos inclinations et nos convictions faire le minimum de mal à nous-mêmes et à la société et le maximum de bien aux deux. »

L'attitude de cet homme changea alors brusquement. Il avait l'air différent, il n'était plus coincé comme au début. En partant, il me confia : « Cette rencontre a été une véritable expérience. Je suis très impressionné par sa simplicité et par sa manière de ne pas juger. En réalité, c'est moi qui l'avais jugée. Nous nous reverrons certainement. »

Je ne suis pas certain que cette transformation sera durable. Mais la rencontre a eu un effet profond sur cet homme et pourrait marquer le début d'un nouveau chapitre de sa vie. Toutefois, pour que cela se produise, il fallait qu'Amma soit ouverte et ne le juge pas.

J'ai souvent été témoin de conversations entre Amma et des personnes de ce genre, des intellectuels, des scientifiques ou des incroyants. Elle écoute toutes leurs paroles. Une fois qu'ils ont exprimé leur point de vue, elle parle. Et généralement, elle commence par dire : « Ce que vous venez de dire est juste. Je suis d'accord, mais… » et ensuite elle donne son opinion sur le sujet.

C'est une façon de procéder extrêmement efficace et que n'importe quel professionnel peut adopter. En vérité, cette technique fait des miracles. Soyez patient et faites sentir à votre interlocuteur que vous l'écoutez avec un intérêt profond. Les gens s'ouvrent sans effort à Amma car ils ressentent : « Voilà quelqu'un qui prend en compte mes opinions et mes observations. C'est une personne avec qui je peux communiquer et travailler. Elle me comprend. »

Parlez avec n'importe quel professionnel travaillant dans les institutions d'Amma ou au grand nombre de bénévoles qui servent dans le grand réseau humanitaire de notre ONG, écoutez leurs histoires. Il y a un fil commun qui relie toutes ces personnes : leur lien personnel avec leur guide.

Cela me rappelle ces paroles d'Amma : « L'amour est notre véritable essence. L'amour ignore les frontières de caste, de religion, de race ou de nationalité. Nous sommes tous des *perles* enfilées sur le *même fil* de l'amour. »

Comme l'amour est le facteur essentiel, le lien s'établit spontanément. La relation se développe naturellement ; c'est si naturel que chacun soudain comprend : « C'est cela que je veux. Ce compagnonnage nourrira mon âme, il guérira mon corps et mon esprit. »

Je me demande encore comment Amma réussit à attirer quantité de professionnels venus du monde entier, dans tous les domaines, pour servir l'organisation. Je n'ai pas de réponse à cette question mais je vois bien que ces personnes, qui ne recherchent certes pas la célébrité, ont maintenant des opportunités qu'ils n'auraient pas eues s'ils étaient restés dans leur pays et avaient gardé leur situation.

Grâce à l'université Amrita, grâce au nom d'Amma, ils entrent en relation avec des spécialistes du monde entier et ils commencent à être connus dans la fonction qu'ils occupent à l'université Amrita.

Ils voient aussi qu'Amma est absolument juste. Elle n'a aucun motif caché. Son seul et unique but est de servir la société de manière désintéressée ; elle prodigue également à tous la richesse intérieure de l'amour et de la compassion ; elle distribue aussi les ressources extérieures. Tout le monde peut en faire l'expérience directe et tangible. Il n'est donc pas difficile pour eux de prendre la décision de joindre leurs efforts à ceux de l'organisation ; ils n'ont aucune appréhension.

Cela ne veut pas dire qu'il n'y a pas de problèmes. Les difficultés existent, elles surgissent de temps à autre, mais elles trouvent toujours une solution. Il suffit généralement d'une rencontre informelle ou d'une conversation pour les résoudre. Et surtout, si nécessaire, Amma est toujours accessible, à toute heure du jour ou de la nuit. Elle est le catalyseur puissant, le fil conducteur qui nous relie tous.

Chacun des membres de notre organisation, quel que soit son statut, a un lien spontané avec Amma. Quel que soit le problème, le confier à Amma signifie le résoudre. C'est la limite posée à tous les obstacles, infranchissable.

Amma est le Chancelier de l'université Amrita, sans doute le seul chancelier accessible à tous. On peut lui soumettre directement toutes les plaintes, les requêtes, les problèmes, qu'ils soient personnels ou professionnels.

Lorsque cela est nécessaire, Amma fait preuve de fermeté. Elle ne se montre cependant jamais agressive ni arrogante. L'agressivité et la fermeté sont deux états psychologiques différents. Dans nos interactions quotidiennes, nous entendons les gens déclarer : « Je voulais simplement être ferme. » Si nous examinons les choses de plus près, nous découvrons qu'ils avaient en réalité une attitude belliqueuse, agressive, et non pas ferme.

Un comportement agressif cache généralement une intention, un mobile personnel. Il révèle la vanité plutôt que la confiance en soi. La fermeté témoigne de la confiance en soi, née de l'expérience. Bref, l'agressivité est la manifestation extérieure d'un ego immature.

La fermeté témoigne en revanche d'un ego plus mûr. L'agressivité est essentiellement une attitude fermée et inamicale. La fermeté est un état d'esprit raffiné, amène. La différence entre les deux est immense. La première fait peu de cas d'autrui. « Quel que soit le but, je veux gagner. Peu m'importe que tu y gagnes ou non. Point barre. »

En revanche, un individu ferme, avec une grande politesse, prend en compte les opinions et les points de vue d'autrui. Cette perception revêt des niveaux d'intensité variés : minimum, moyen et maximum. De même, selon le degré de maturité et de compréhension de la personne, l'agressivité a ces trois niveaux d'intensité.

D'après mon expérience, Amma est un manager extraordinaire ; elle sait être ferme avec tact, elle sait aussi être réceptive et compatissante. Elle est pour ainsi dire « dure comme un diamant et tendre comme une fleur » Elle est souple comme une rivière et solide comme une montagne. Elle a une faculté particulière, incomparable, d'établir le contact, extérieur et intérieur, avec les gens. Au sujet de son étreinte, Amma dit : « Il ne s'agit pas simplement d'une étreinte physique, de la rencontre de deux corps, il y a un réel contact entre les cœurs. » Cette communication entre les cœurs est le secret qui permet d'établir le contact.

Amma cherche rarement à imposer quoi que ce soit. Mais quand une catastrophe se produit, quand la situation est critique, elle utilise un ton et des méthodes plus énergiques.

A ce moment-là, Amma déploie une très grande fermeté. Il faut cependant noter qu'elle en contrôle l'intensité et qu'elle ne permet jamais à l'énergie de l'agressivité de se manifester et de prendre le dessus.

Ces scénarios « d'énergie survoltée » nous font baigner dans des vagues de vibrations positives et nous apportent une immense inspiration. Tel est mon ressenti et celui des milliers de personnes qui servent le monde sous l'égide d'Amma. Il serait irréaliste de déclarer qu'il n'y a aucune tension dans de telles situations. Mais même au milieu de circonstances aussi folles, Amma réussit à insuffler un sentiment de contentement profond et d'exubérance dans le cœur des membres de l'équipe. Personne ne travaille contraint et forcé, par peur. L'amour et l'inspiration reçue d'Amma sont les seules motivations. Ainsi, même quand le corps est fatigué, la flamme de l'enthousiasme continue de briller.

Amma a diverses façons de gérer les situations. Selon les circonstances, les dispositions, la culture et le caractère des personnes concernées, elle adopte la stratégie qui permet d'accomplir le travail de manière économique, efficace et ce dans les meilleurs délais. En d'autres circonstances, Amma réunit tous les participants et discute les moindres détails. Mais dans les moments de crise et de catastrophe, sa façon de gérer est complètement différente. Amma prend seule les rênes de la situation. Elle donne toutes les instructions et dirige la planification et l'exécution du projet, infatigablement, sans manger ni dormir. Elle est experte dans toutes les vitesses de management : grande, moyenne et petite. Et elle sait aussi déclarer : « C'est ainsi et pas autrement ».

En 2009, après les inondations qui dévastèrent le Karnataka (région de Raichur), notre ONG s'est engagée à construire deux mille maisons dans le cadre de la reconstruction.

Le 27 novembre, le MAM annonça une aide d'un montant de 10,7 millions de dollars (7,1 millions d'euros) pour les victimes des inondations. Amma envoya une équipe pour évaluer les dégâts. Ils revinrent avec le nom d'un village que personne n'avait proposé d'aider. C'est ainsi que commença la construction de mille maisons à Dongrampura (district de Raichur) avec en outre des routes, des parcs, l'électricité, l'eau et une salle communale.

Le 16 janvier, une équipe de quatorze bénévoles arriva à Raichur pendant une éclipse solaire. Selon la tradition locale, il faut éviter de regarder le soleil ou de se trouver à l'extérieur pendant une éclipse. Les bénévoles traversèrent cependant la région sans hésiter, ils visitèrent le site proposé et rencontrèrent les autorités locales. Le lendemain, les formalités administratives étaient terminées et le jour même, cette entreprise géante de construction démarra.

Amma donna les instructions suivantes : « Achevez le travail rapidement…à la vitesse éclair. » L'équipe adopta donc comme mantra « rapidement ». Ils trimèrent littéralement sans arrêt, alors que la température montait à 45 degrés. Pendant la moitié de la journée, il n'y avait ni électricité ni eau. Bravant ces conditions hostiles, les bénévoles construisirent les cent premières maisons en vingt jours. Ils avaient exaucé le rêve de leur leader en soulageant promptement la détresse des victimes de l'inondation.

Cette construction miracle battit tous les records. Dans tout l'état du Karnataka, elle fut accueillie par les élus, les professionnels, les commerçants, les enseignants et les élèves, avec stupéfaction et respect. Le gouvernement fit faire un diaporama de cet incroyable exploit pour inspirer les autres ONG. Les gens venaient en voiture pour voir les maisons de leurs propres yeux. Des articles parurent dans les journaux, faisant l'éloge de nos bénévoles. Les ministres et les hauts fonctionnaires rendirent un hommage public au travail accompli.

Le Premier Ministre du Karnataka raconta comment les choses s'étaient déroulées : « Le 15 janvier, le MAM conclut un accord avec le gouvernement. Et en vingt jours, l'organisation d'Amma avait construit cent maisons dont les clés me furent remises. Je suis très reconnaissant à Amma. Un tel acte insufflera aux autres donateurs le désir de terminer leur projet avec le même zèle et le même sentiment d'urgence. »

Le 4 août 2010, les clés de 242 autres maisons furent remises au Premier Ministre de l'état du Karnataka qui exprima sa reconnaissance. On n'a pas cessé depuis de battre des records. Aujourd'hui, nous avons presque achevé de construire les mille maisons promises.

Est-ce que le management exercé avec compassion est supérieur ? Je dirais « oui », car un chef plein de compassion prend la décision d'aider autrui sans qu'on le lui demande. Rien ne l'y oblige, mais telle est sa nature et il ne peut agir autrement. Un tel leader n'a aucun intérêt personnel et agit sans crainte, pour la société, pour les pauvres et les nécessiteux. Sa mission est claire à ses yeux. Par-dessus tout, il n'a aucune attente, aucun motif intéressé. Il considère simplement que sa fonction est de servir.

Telle est la nature d'Amma. Elle pense aux autres avant de penser à elle-même. Comme elle n'a pas d'ego, elle possède une compréhension profonde de la vie, elle connaît le cœur des êtres et peut gérer sans effort n'importe quelle situation.

Amma est le genre de manager qui vient en personne sur le terrain et remonte ses manches, prête à faire n'importe quel travail. Cette petite personne d'un mètre cinquante, née et élevée dans un village isolé de l'Inde du sud, a créé une révolution dans le système conventionnel en franchissant toutes les barrières. Ce qu'Amma apporte au monde, c'est une nouvelle dimension d'amour, plus profonde ; elle nous enseigne la manière de l'exprimer, sa puissance transformatrice et sa fonction vitale dans la vie humaine.

Personne n'a jamais demandé à Amma de servir la société, d'aider les pauvres et les nécessiteux, de rester assise pendant des heures à écouter les gens, d'entreprendre un grand nombre d'œuvres caritatives. Elle le fait aussi naturellement qu'elle respire. Elle nous donne également le sentiment qu'en procédant à de petites corrections, à de petits changements, nous pouvons tous agir ainsi.

« Gardez-vous de ceux qui s'efforcent de réduire vos ambitions. Les gens sans envergure agissent toujours ainsi mais les grands êtres vous donnent le sentiment que vous aussi, vous pouvez prendre votre envol. »

—Mark Twain

171

CHAPITRE SEIZE

Conviction inébranlable et décision instantanée

« La compassion relie les êtres humains. Il ne s'agit pas ici de pitié ni de condescendance ; en tant que frères humains, apprenons à transformer notre souffrance commune en espoir pour l'avenir. »

—Nelson Mandela

Amma a entrepris des œuvres humanitaires dans toute l'Inde et à l'étranger. Mais pour avoir une image adéquate des compétences et de l'habileté dont elle fait preuve dans ses actions, examinons le processus de reconstruction enclenché après le tsunami qui a frappé l'Asie du sud-est en 2004. C'est elle qui a entièrement dirigé, dans les moindres détails, l'évacuation, les secours et la reconstruction. La façon dont elle organisa l'aide aux sinistrés nous enseigne le rôle de la conscience dans la réponse à une situation d'urgence. C'est une brillante leçon de management des catastrophes, des ressources, des finances, du temps et surtout, d'un grand nombre de personnes, à quoi il faut ajouter la capacité de prendre des décisions fondées sur l'intuition.

Le tsunami de 2004 tua des milliers de personnes en Inde du sud, en Indonésie, dans les îles Andaman et Nicobar, et au Sri Lanka. Tout au long de la reconstruction, Amma manifesta ses qualités de manager, prenant des initiatives, ajoutant partout une touche de compassion et d'équité, innées chez elle. Il fallut presque deux ans pour achever le processus de reconstruction. Au cours de cette période, Amma ne se contenta pas de diriger les activités du MAM liées au tsunami. Elle continuait à gérer les moindres aspects des œuvres humanitaires et éducatives de son ONG.

La catastrophe fut soudaine ; en un clin d'œil les vagues gigantesques emportèrent tout. Tout d'abord, la mer recula sur plus d'un kilomètre. Le spectacle était magnifique, dévoilant le sable blanc et brillant qui se trouvait au fond de la mer. Toute la côte semblait recouverte de minuscules perles blanches. Des centaines de résidents de notre centre et de villageois se précipitèrent pour admirer ce tableau. Mais quand Amma apprit ce qui était arrivé, elle sut aussitôt que c'était mauvais signe. Elle ordonna à tous de rentrer aussitôt au centre et aux milliers de gens qui se trouvaient là de monter dans les étages. En quelques minutes, des vagues géantes s'élevèrent, elles engloutirent des maisons et des innocents, hommes, femmes et enfants. En un instant, tout avait disparu.

Amma cessa aussitôt de recevoir les gens et commença l'évacuation. Enveloppée d'un châle jaune elle descendit et, en pataugeant dans les eaux boueuses, elle donna ses directives. Il y avait des milliers de personnes, des résidents et des villageois accourus au centre de notre ONG, espérant y trouver un refuge sûr. C'était une scène de panique et de confusion totale. Des mères avec leurs bébés, de petits enfants cherchant leurs parents, des personnes âgées ou malades, handicapées… tout cela paraissait ingérable, écrasant.

Dans une telle situation, quand les gens sont dans un état d'effarement, de profonde stupéfaction, la seule méthode efficace, c'est un one-[wo]man show mené intelligemment par un être qui garde la tête sur les épaules. Le proverbe dit bien : « Trop de cuisiniers gâtent la sauce, » et il s'applique parfaitement à de telles circonstances. Du point de vue du management, on peut qualifier ce procédé de « gouvernance autocratique ou autoritaire ». Ce style de management a ses bons et ses mauvais côtés. Quoi qu'il en soit, dans une situation aussi chaotique, la solution la plus efficace est d'avoir un chef, le membre le plus expérimenté du groupe, quelqu'un qui a accès à des informations que les autres ne possèdent pas. C'est lui qui doit prendre la situation en main.

Amma resta des heures à patauger dans l'eau, évaluant les dégâts et les risques. Elle ordonna à tous de se diriger avec précaution vers la jetée. Des bateaux appartenant au centre et aux villageois étaient là pour faire traverser la lagune. Des instructions avaient déjà été données pour convertir les campus de l'université Amrita (école d'ingénieurs, ayurvéda et biotechnologie) ainsi que les écoles gérées par le MAM en refuges.

Pour assurer l'évacuation dans de meilleures conditions de sécurité, par mesure de précaution, Amma nous demanda de tendre des cordes solides en fibre de coco depuis le plus proche bâtiment en dur, autour des cocotiers et jusqu'à la jetée. Elle recommanda à tous de tenir fermement les cordes tout en marchant vers la jetée.

Avant d'envoyer une famille de l'autre côté de la rivière, elle s'assurait personnellement que ses membres étaient réunis. Car s'ils n'avaient pas traversé ensemble, ils auraient risqué de ne pas se retrouver, de ne pas savoir si leurs proches étaient en sécurité. Les villageois, les patients de l'hôpital de notre ONG, les visiteurs et tous les animaux, y compris les éléphants, partirent d'abord. Les résidents évacuèrent ensuite. Amma partit la dernière, elle arriva sur l'autre rive après minuit et s'installa dans le même bâtiment que les réfugiés.

Dès le jour de la catastrophe, les bénévoles, qui se trouvaient désormais sur le campus de l'université, ont cuisiné trois fois par jour dix mille repas pour les réfugiés.

AIMS, l'hôpital du MAM, mit sur pied un service médical fonctionnant 24 heures sur 24 dans chacun des camps de réfugiés.

Les équipes comprenaient des médecins, des infirmières, du personnel paramédical et fournirent aussi les médicaments et les équipements, comme par exemple des ambulances. A Nagapattinam, dans le Tamil Nadu, une des zones les plus durement touchées sur la côte est de l'Inde, on envoya des secours équivalents.

Le gouvernement établit douze centres d'accueil dans la zone environnante, pour offrir des secours d'urgence aux populations évacuées. Le MAM procura également nourriture, vêtements, couvertures et aide médicale constante à ces centres.

Les jours suivants, tout le village pleura. Les gémissements des mères, des maris, des femmes et des enfants des personnes décédées remplissaient l'atmosphère. Les funérailles des cent quarante morts furent célébrées en commun, dans le village. Quand les feux des bûchers funéraires s'éteignirent, les survivants se trouvaient au milieu des décombres. On lisait dans leurs yeux l'angoisse qui les rongeait : l'avenir n'avait, semblait-il, plus rien à leur offrir. Les vagues géantes avaient emporté tous leurs rêves et leurs désirs. Tout un village se retrouvait les mains vides, impuissant, anéanti.

Amma est un leader qui comprend les plaisirs et les peines d'autrui. Son premier effort fut donc de consoler les survivants ; après un désastre d'une telle ampleur, c'est peut-être ce qu'il y a de plus difficile. Celui qui possède naturellement les qualités d'un chef sait à quel point les mots sont impuissants et superflus dans les moments de profond chagrin. Pendant les premiers jours, tout en subvenant aux besoins fondamentaux des villageois, Amma participa à leur douleur. Elle pleura avec eux, elle les prit dans ses bras, les consola et essuya leurs larmes. Toutes ses journées se passaient à rencontrer les affligés dans les refuges et la nuit, elle était au téléphone et donnait des instructions aux bénévoles et aux résidents qui servaient dans telle ou telle zone. Sa profonde sollicitude et ses conseils aidèrent les villageois à retrouver un sentiment de sécurité et l'espoir.

Amma dispose d'une faculté étonnante pour inspirer les gens. Elle guida sans trêve ses bénévoles par les paroles et par l'exemple. Aidée par une immense équipe de volontaires dévoués, notre ONG réussit à terminer les abris provisoires pour les victimes en neuf jours, un temps record. Il fallut au gouvernement plusieurs mois pour en construire.

Une semaine après le tsunami, Amma, qui logeait dans une des salles de l'université, de l'autre côté de la lagune, retourna au centre spirituel. Il n'y avait pas eu de morts, mais le centre de notre ONG avait été gravement touché par les vagues du tsunami. Presque tous les ordinateurs et plusieurs des machines de l'imprimerie avaient été endommagés. Tout le stock de nourriture, les légumes et le riz, avait été soit emporté, soit gâté. Partout, les plantes et les arbres étaient fanés, desséchés. Et pourtant, Amma s'inquiétait plus du bien-être de ceux qui avaient tout perdu dans le tsunami, leurs économies et les êtres qui leur étaient chers. Toute son attention était tournée vers l'aide et la reconstruction, cherchant constamment le moyen d'accélérer le processus.

Un soir, il était plus de minuit quand mon téléphone interne sonna. C'était Amma. Je décrochai. Pendant quelques instants, Amma garda le silence. Puis elle dit : « Mon cœur est tourmenté devant tant de souffrance. Nous devons offrir aux victimes quelque chose de durable, de concret, pour qu'ils s'y raccrochent ; il faut les aider à reconstruire leur vie. » Au bout d'un moment, Amma ajouta : « Ils ont besoin de nouvelles maisons, de bateaux, de filets de pêche, de soins médicaux, etc. Comment les aider ? »

Comme je ne savais pas quoi répondre, je gardai le silence. Soudain, elle déclara : « Nous allons mettre de côté vingt et un millions de dollars pour les secours et la reconstruction. »

Je restai littéralement stupéfait. Les mots s'étranglèrent dans ma gorge. Quand je fus un peu remis du choc, je demandai : « Amma, où allons-nous trouver cet argent ? »

D'une voix calme, Amma répondit : « Cela n'est pas très important. La compassion, c'est cela l'essentiel. Il y a dans le monde beaucoup de gens au cœur bon. L'argent viendra... la première étape, c'est la compassion. Franchissons-la correctement. » Sa conviction était inébranlable et la décision fut instantanée. Il n'y a pas de place pour l'ambigüité ou le doute lorsque nous disons « oui » à une vision noble, fondée sur des valeurs supérieures. Les décisions et leur exécution sont rapides parce qu'on s'intéresse plus à l'action qu'au résultat. L'action est dans le présent ; le résultat est dans le futur. Quand toute notre énergie est concentrée sur le présent, alors le futur advient naturellement.

Etienne de Grellet, missionnaire Quaker, a déclaré : « Imaginez que vous traversiez un lieu inconnu. Tout en marchant, rappelez-vous : « Je ne passerai qu'une seule fois par ce chemin ; et donc si je peux faire une bonne action, témoigner de la bonté envers des frères humains ou d'autres créatures, c'est maintenant. Je ne peux pas remettre à demain ou négliger cet acte, car je ne repasserai plus par ici. »

Une belle anecdote tirée du *Mahabharata* illustre parfaitement l'idée de faire preuve de bonté dès que l'occasion se présente.

Karna, qui était connu pour sa charité et sa générosité, était un jour en train de faire ses prières et ses ablutions dans une rivière. Il avait à côté de lui une coupe en or sertie de pierres précieuses. Il se trouve que Sri Krishna arriva à ce moment-là. Voulant mettre à l'épreuve la générosité de Karna, Krishna le pria de lui offrir la coupe d'or.

Sans la moindre hésitation, Karna attrapa la coupe et la donna à Krishna de la main gauche, car sa main droite n'était pas propre. Krishna rappela à Karna qu'il n'est pas correct de donner un présent ou une offrande de la main gauche. (En Inde, donner un cadeau ou quoi que ce soit de la main gauche est considéré comme de mauvais augure.)

Karna, en souriant avec humilité, répondit qu'il connaissait bien la coutume et donna l'explication suivante : « Quand on pense à faire une bonne action, il faut l'accomplir aussitôt, sans réfléchir, car nous ignorons ce qui peut arriver l'instant d'après. La mort peut nous emporter, l'avidité nous consumer ou notre bonne intention disparaître. »

Dès que nous éprouvons le désir d'aider quelqu'un ou de manifester de la compassion, agissons aussitôt. Si nous remettons à plus tard, une seule seconde, le mental interviendra et trouvera des excuses.

La somme allouée pour les secours et la reconstruction après le tsunami fut annoncée à la mi-février 2005. Peu après, Amma visita la région de Nagapattinam dans le Tamil Nadu, une des zones les plus touchées. Elle se rendit dans plusieurs abris provisoires pour rencontrer les gens et écouter personnellement leurs malheurs. Puis elle voyagea toute la nuit pour rentrer dans notre centre du Kérala. Moins de vingt-quatre heures plus tard, invitée par le gouvernement du Sri Lanka, elle s'y rendit et y passa quelques jours, du 16 au 19 février 2005.

Plus de trente mille Sri Lankais avaient été tués par le tsunami et des centaines de milliers étaient réfugiés. Elle promit 700 000 dollars (530 000 euros) pour aider les victimes du tsunami dans ce pays. Elle voyagea dans les zones touchées par la catastrophe, le long de la côte et visita des camps de réfugiés dans les districts d'Ampara et d'Hambantota.

A l'étonnement des témoins, les miliciens tamouls (les Tigres Tamouls) et les soldats du gouvernement Singhalais se présentèrent ensemble au darshan à Ampara. La secrétaire politique d'un ministre, feu Maheshwari, exultait de voir les deux camps ennemis ainsi réunis. « C'était au-delà de tout ce que j'aurais pu imaginer, de voir ainsi ces adversaires en présence d'Amma. Amma est une force qui unifie, un catalyseur unique, » dit-elle.

Voici un extrait du discours prononcé par Amma à la conférence UNAOC qui s'est tenue à Shanghaï en décembre 2012. Le thème principal de la conférence était : « Comment les nations d'Asie et du Pacifique Sud peuvent-elles contribuer au dialogue mondial sur la coexistence et l'échange entre les cultures et les civilisations ? »

Amma déclara : « Il est important de comprendre que la responsabilité de renforcer et d'unifier notre société ne revient pas aux seuls gouvernements. C'est le devoir de tout être humain. Si les ONG, les entreprises, petites ou grandes, les médias et les leaders sociaux, culturels et mondiaux unissent leurs efforts pour construire une nouvelle société, fondée sur l'éthique, nul doute qu'un changement positif se produira.

La plupart des gouvernements font de leur mieux pour apporter de l'aide, mais parfois, les subventions ou les prêts accordés n'arrivent pas jusqu'aux plus défavorisés parce que l'état est contraint de dépenser énormément d'argent pour payer les salaires des employés. Imaginez que nous versions un verre d'huile dans un autre verre. Si nous répétons l'opération cent fois, le dernier verre ne contiendra plus que quelques gouttes d'huile. De même, il arrive que l'argent mobilisé par le gouvernement pour aider les pauvres sous la forme de subventions ou de prêts ne leur parvienne pas. Les salaires des fonctionnaires et les réunions ont un coût très important, ce qui bien entendu retarde l'exécution du projet. Mais quand des bénévoles s'unissent pour agir par altruisme, on peut accomplir plus avec moins d'argent et en moins de temps. »

Sous la direction incomparable d'Amma, notre ONG a pu mettre en place et achever tous les projets d'aide aux victimes du tsunami que nous avions envisagés. Cela incluait la fourniture de repas, de vêtements, de maisons, de soins médicaux, de formation professionnelle et d'emplois pour 2 500 personnes résidant dans la zone affectée. Nous avons également procuré des filets et des bateaux aux pêcheurs et offert des sessions de thérapie et développement personnel à plus de dix mille enfants pour les aider à surmonter le choc émotionnel et la phobie de l'eau. Pour les femmes qui avaient perdu leur mari dans le tsunami ou dont les maris ne voulaient plus aller en mer, nous avons organisé différentes formations professionnelles. Notre ONG a entre autres offert une centaine de machines à coudre et mis sur pied des cours de couture.

C'est Amma elle-même qui emmena les enfants à la piscine de notre ONG pour les aider à surmonter la peur de l'eau ; voilà qui mérite une mention spéciale !

Dans le village proche d'Amritapuri, plusieurs enfants sont morts pendant le tsunami. Certaines des femmes qui ont alors perdu leurs enfants avaient subi une ligature des trompes et ne pouvaient plus concevoir. Amma demanda aux médecins d'AIMS d'effectuer une opération de dé-ligature des trompes ou bien une conception in vitro pour ces familles. Cet acte de compassion adoucit le traumatisme qu'elles avaient subi lors du désastre. C'est ainsi que la plupart de ces femmes purent de nouveau concevoir et avoir des enfants.

Lors d'une cérémonie d'inauguration qui se tint à Amritapuri, M. Oommen Chandy, alors Premier Ministre du Kérala, loua en ces termes le travail accompli par l'organisation : « Dans tout l'état, la bonté d'Amma a été l'âme du travail d'aide et de reconstruction. Amma a un grand cœur, elle représente la bonté de la société, et ainsi, elle a achevé rapidement la construction des maisons pour les victimes du tsunami. Je ne sais pas comment la remercier pour son aide inconditionnelle et pour la profusion de services qu'elle a rendus. Le gouvernement n'a pas réussi à tenir sa promesse de reloger toutes les victimes avant la mousson. Le travail accompli par Amma est un exemple pour les autres. »

Et avant tout, ce qui a vraiment aidé les gens, ce fut la touche personnelle, l'écoute pleine de sollicitude, ainsi que le courage et l'espoir qu'Amma leur a insufflés. Ainsi, ils ont pu recommencer une nouvelle vie.

Selon Amma, « En vérité, c'est quand nous aidons les autres que nous sommes vraiment heureux, et c'est quand nous restons fixés sur nos problèmes et nos désirs personnels que nous nous sentons seuls. Quand nos desseins concordent avec ceux de l'univers, quand nous comprenons notre rôle dans le monde et agissons en accord avec lui, rien ne peut nous arrêter. »

Nous sommes dans le « flot de la vie ». Alors, même ce qui paraît un obstacle se révèle être en définitive un tremplin vers le succès ; c'est ainsi que nous gravissons l'échelle de l'amour et de la compassion. Si nous croyons en Dieu, en une Puissance suprême qui gouverne tout, efforçons-nous de voir les expériences, les situations et les souffrances des gens du point de vue de Dieu. Si vous êtes athée, ayez foi en la capacité d'action de la vertu. Aidez les gens sans rien attendre en retour. Ces deux voies mènent à Dieu, même si nous n'avons pas foi en une Puissance suprême.

Amma dit : « Dieu existe-t-il ou non ? Cela peut faire l'objet d'un débat passionné. Mais aucun athée ne peut nier la présence d'êtres qui souffrent dans le monde actuel. Leur rendre service, telle est la véritable façon d'adorer Dieu. Dieu, Lui, n'a besoin de rien. C'est Lui qui donne tout.

Si dans notre ignorance, nous croyons offrir quoi que ce soit à Dieu, cela revient à montrer une bougie au soleil en disant : « Je suis sûr que cette lumière va t'aider à voir ton chemin ! » Si Dieu attend quelque chose de nous, c'est que notre cœur comprenne la souffrance des pauvres et des malheureux. Aidez-les, rendez leur service et soyez compatissants envers eux. »

CHAPITRE DIX-SEPT

Le guide intérieur

Amma dit : « Quand nous marchons, si notre esprit enjoint soudain à nos pieds de s'arrêter, ils s'arrêtent. Quand nous applaudissons, si notre esprit commande à nos mains de cesser, elles cessent aussitôt. Mais si nous ordonnons à nos pensées d'arrêter, vont-elles écouter ? Non. Développer une maîtrise de l'esprit comparable à celle que nous avons sur le corps physique, tel est le but de la méditation.

Prendre une décision est un processus complexe qui implique de prendre en compte des facteurs contradictoires : avoir à se débattre avec des options multiples ; avoir peu de temps disponible pour décider ; tenir compte des changements fréquents des tendances du marché et de la technologie ; gérer et convaincre les membres de l'équipe ; évaluer l'impact sur les partenaires directs et périphériques. En outre, de nombreux incidents sans précédent et imprévus peuvent se produire soudainement. Cette prise de décision fondée sur la méthode conventionnelle, dite connaissance analytique, est un exercice souvent mentalement fatiguant, physiquement épuisant et qui nous vide de toute notre énergie. Mais de nos jours, la prise de décision intuitive et analytique, dite quasi-rationalité, gagne du terrain.

Si vous examinez votre vision du monde, vous découvrirez que vous aussi prenez souvent des décisions qui vont à l'encontre de la logique économique. Un changement lent mais constant est en train de se produire en faveur de ce protocole de décision où « l'irrationnel » prédomine. Cet effort pour inclure les découvertes de la psychologie dans l'économie, dite « économie comportementale, repose sur une harmonieuse alliance entre la pensée logique et des facteurs psychologiques, intuitifs. C'est souvent grâce à une attitude contemplative que le décideur passe de l'effort à l'absence d'effort. Le « faire » est une activité, et le « non-faire » est le contraire. Il est nécessaire de prendre de la distance et d'oublier tout le processus. Faisons une pause et laissons la partie spontanée de notre esprit prendre les rênes. Alors seulement, il se passera quelque chose.

Depuis des siècles, les directeurs d'entreprise se sont fiés uniquement à la pensée cognitive, à l'analyse logique, considérée comme seule technique capable de résoudre les problèmes. Mais bien que le concept de « décision intuitive », c'est-à-dire l'emploi de l'intuition comme outil important pour résoudre des problèmes complexes, soit nouveau dans le monde de l'entreprise, il ne s'agit pas d'un concept neuf. Il existe de nombreuses cultures, surtout en Asie, où l'intuition joue un rôle majeur dans la recherche de réponses et de solutions. Pour être plus précis, un grand nombre de professionnels, dans le passé, se fiaient plus à l'intuition qu'à l'intellect.

Imaginons la situation suivante : nous essayons de nous rappeler une vieille chanson que nous aimons beaucoup, sans y réussir. Nous avons la chanson sur le bout de la langue, mais elle nous échappe. Nous avons beau nous gratter la tête, fermer les yeux ou marcher de long en large dans la pièce, aucune de nos techniques habituelles ne fonctionne. Finalement, voyant que nos efforts restent vains, nous abandonnons et oublions la chanson. Après une petite sieste, avant de nous lever, nous regardons le plafond, et dans cet état de détente, soudain, venue de nulle part, la chanson nous revient.

Lors de cette expérience particulière, l'effort initial pour nous remémorer le chant déclenche une lutte entre le conscient et le subconscient. Nous connaissons parfaitement le chant. Il est allé se cacher dans le subconscient. Il s'agit de l'y retrouver. Pour cela, nous avons besoin d'établir un lien entre le conscient et le subconscient. Le problème, c'est qu'au lieu de relier les deux, la tension créée par l'effort agrandit le fossé. C'est ainsi que le souvenir du chant, la solution désirée, s'éloigne toujours plus de nous. La révélation a lieu lorsque l'esprit est tranquille. C'est exactement ce qui se produit quand on est allongé, immobile, sur le lit. L'angoisse et la tension disparaissent, et la « chanson » apparaît spontanément.

L'effort accompli était en fait nécessaire. Il était indispensable pour nous amener à l'état « sans effort ». En d'autres termes, pour parvenir à la détente totale, il est important de travailler dur. Mais seul un esprit tranquille est capable de donner des réponses adéquates. Les êtres humains ont un penchant naturel pour le silence. C'est chez eux une aspiration profonde. Il y a donc une bonne chance pour que la prise de décision fondée sur l'intuition soit efficace, à condition de canaliser nos énergies vers la tranquillité et le repos.

On dit que le savant grec Archimède s'exclama « Eureka ! » quand il remarqua, en prenant son bain, que le niveau de l'eau était plus élevé depuis qu'il était entré dans la baignoire. Il prit soudain conscience que le volume d'eau déplacé devait être égal au volume des parties de son corps immergées. Archimède cherchait le moyen de mesurer avec précision le volume des objets de forme irrégulière, un problème auparavant insoluble. Sa compréhension subite que le volume d'eau déplacé est équivalent au volume de l'objet submergé résolvait le problème. On dit qu'il était si impatient de partager sa découverte qu'il sauta hors de la baignoire et courut dans les rues d'Athènes, nu, en répétant « Eureka ! »

Quelle est la source de la découverte d'Archimède ? Dans la baignoire, il était sans doute dans un état de relaxation totale. Nombre d'entre nous ont éprouvé cette détente bienfaisante en prenant un bain. Dans cet état de tranquillité et de paix absolue, la réponse que cherchait le grand savant lui est apparue.

Selon les experts et les conseillers modernes en management, le subconscient est la source de la prise de décision intuitive. C'est peut-être vrai d'un point de vue psychologique. Toutefois, quand le subconscient est rempli de pensées et d'émotions, il n'est pas une source claire de réponses justes. Nous pouvons simplement dire que ces réponses proviennent d'un endroit qui est au-delà, parce que le subconscient est rempli de nombreuses pensées subtiles, puissantes.

Amma l'exprime ainsi : « Si nous demandons à un violoniste, à un chanteur ou à un flûtiste d'où vient leur musique, ils diront probablement : « De mon cœur. » Mais si un chirurgien leur ouvre le cœur, y découvrira-t-on de la musique ? S'ils répondent que la musique surgit du bout de leurs doigts ou de leur gorge, y trouverons-nous de la musique ? Alors d'où jaillit-elle ? Elle provient d'un lieu qui se trouve au-delà du corps et du mental, de la demeure de la pure conscience, de la puissance infinie qui demeure en nous. C'est en cela que réside la vraie force. Il faut connaître ses défauts, ses faiblesses et ses limites et s'efforcer ensuite de les surmonter. C'est ce qui fait un vrai leader. »

Amma emploie un langage fort simple et utilise des exemples très ordinaires. Il lui arrive même d'aborder des thèmes qui nous semblent sans importance. Mais si nous creusons ces paroles en apparence insignifiantes, nous découvrons qu'un monde immense se révèle.

Amma s'entretient souvent avec des docteurs et des savants sur des sujets de recherche. Elle n'emploie pas forcément des termes scientifiques et techniques dans la conversation mais elle exprime les questions scientifiques les plus complexes dans un langage succinct. Elle conseille même les scientifiques sur les sujets de recherche à envisager. Il est étonnant de l'écouter s'entretenir avec des prix Nobel de leur recherche, avec des médecins des diverses traditions de la médecine, avec des ingénieurs des différents aspects de la construction, avec des avocats des multiples facettes d'un procès ou avec des managers des dernières tendances dans le management.

Récemment Amma a rencontré un groupe de scientifiques venus du monde entier qui participaient à un séminaire, *Amrita Bioquest 2013*, à l'université Amrita. Quelqu'un posa la question de l'usage des plantes pour guérir les maladies. Amma répondit : « Je ne sais rien. Je donne simplement des idées aux chercheurs. » Les savants sourirent car ils savaient que les chercheurs d'Amrita Biotechnologie venaient juste de publier un article scientifique important, dont la source était une idée d'Amma.

Permettez-moi de vous raconter toute l'histoire, telle qu'elle m'a été rapportée par le Dr. Ashok Banerjee, ancien chercheur au centre atomique Bhabha, Mumbai, et le Dr. Bipin Nair, Doyen de l'Ecole Amrita de Biotechnologie et professeur.

Un jour, le Vice-Chancelier de l'Université Amrita, Dr. Venkat Rangan, le Dr. Nair, et le Dr. Banerjee vinrent s'entretenir avec Amma de certains sujets de recherche. Au cours de la discussion, Amma demanda où en étaient les recherches à l'Ecole de Biotechnologie. Quand ils expliquèrent que les efforts de la recherche se concentraient sur les mécanismes retardant la guérison des plaies chez les diabétiques, Amma mit toute son éloquence à décrire la manière traditionnelle de guérir les plaies : on y appliquait de l'huile obtenue en chauffant les coques des noix de cajou.

Le Dr. Banerjee a beau être un fervent admirateur d'Amma, son insistance soudaine sur les propriétés médicinales de la coque de noix de cajou, normalement considérée comme un déchet, ainsi que la suggestion d'en faire un sujet de recherche, ne lui semblait pas revêtir une grande importance. Il n'exprima pas sa pensée à Amma, mais il m'avoua qu'il trouvait cette idée quelque peu naïve. Toutefois, par le passé, les paroles et les pensées d'Amma s'étaient toujours avérées contenir des diamants cachés.

Fort de cette expérience, le groupe se procura aussitôt des coques de noix de cajou, qu'ils firent venir de la déchetterie d'une usine de cajous située à Kollam. Ils isolèrent et purifièrent un composant dénommé acide anacardique et démontrèrent (pour la première fois au monde) l'effet direct de ce composant sur une protéine impliquée dans la guérison des plaies. Il est intéressant de constater que ce composant a également des effets bénéfiques sur de nombreuses formes de cancer. Cette découverte enthousiasmante eut pour conséquence une collaboration au plus haut niveau avec l'Université de Californie, Berkeley, et l'Institut de Recherche Scripps, à San Diego, tous deux au premier plan de la recherche aux Etats-Unis. Ensuite, le Conseil National de l'Innovation de l'Inde, présidé par M. Sam Pitroda, examina les données et recommanda fortement ce projet au Conseil de la Recherche Scientifique et Industrielle de l'Inde, pour qu'il accorde des subventions. La suggestion d'Amma, si simple et si profonde, concernant les coques des noix de cajou, jusqu'alors négligeables, nous a permis une avancée importante en un court laps de temps. Avant d'arriver à cette découverte, les scientifiques auraient pu passer des années à travailler avec acharnement et dépenser énormément d'argent. M. Banerjee conclut son récit en disant : « J'ignorais qu'Amma était aussi un savant ! »

De manière similaire, de nombreux départements à l'Université Amrita travaillent avec succès sur des projets de recherche suggérés par Amma : usage de capteurs sans fil pour détecter les glissements de terrain, emploi des technologies haptiques dans l'acquisition de compétences, utilisation des nanosciences dans la lutte contre le cancer, système d'évaluation en ligne des apprentissages éducatifs, systèmes d'information hospitaliers et utilisation de ces données pour aider la société, cyber sécurité, laboratoires virtuels, e-learning etc. Sous la direction d'Amma, des scientifiques travaillent aussi sur un projet important qui consiste à concevoir et à fabriquer une pompe à insuline à un prix abordable.

J'hésite à qualifier « d'intuitive » la façon de penser d'Amma, sa façon de prendre des décisions et de les mettre à exécution. Je ne souhaite pas, dans ce livre, analyser trop profondément cet aspect. Mais je dois bien dire que son approche relève d'une dimension totalement différente.

Le mental est un flot, un courant de pensées fragmentées. Pour appréhender la vérité qui sous-tend toute chose, il est essentiel de concentrer son esprit. La nature même du mental est de diviser et de désintégrer. Il ne peut pas demeurer entier, unifié. C'est ainsi qu'il bloque le flot naturel des pensées, à moins que nous ne l'entraînions à demeurer tranquille et silencieux. C'est de là qu'émerge la pensée intuitive et contemplative.

Dans son traité, Chanakya déclare : « Avant d'entreprendre un projet, posez-vous trois questions 1) Quelle est ma motivation ? 2) Quels sont les résultats possibles ? 3) Vais-je réussir ? Réfléchissez profondément et trouvez une réponse satisfaisante à ces questions avant de vous lancer. »

« Réfléchir profondément » signifie entrer dans un silence méditatif pour se concentrer sur des questions sensées, car on ne peut obtenir de réponse correcte qu'à des questions correctes. Comme l'a dit Salomon Ibn Gabirol, poète hébreu et philosophe juif : « Les questions d'un homme sage contiennent la moitié de la réponse. »

Les études montrent que le taux de succès dans les décisions de management n'est que de cinquante pour cent. Inversement, le coût du processus décisionnel augmente. Cette situation alarmante a inquiété les chercheurs de la Faculté de Commerce de l'université de Queensland. Ils ont exploré les facteurs et les possibilités qui influencent le style de prise de décision pour lequel optent les managers et la manière dont on pourrait améliorer ces décisions.

Dans une organisation, la prise de décision suit un processus complexe qui se divise, pour tous les domaines, en étapes, en niveaux et échelons hiérarchiques. Le cheminement est compliqué. La plupart des hommes d'affaires sont très tendus. Ils ruminent, ils s'inquiètent des conséquences de leurs décisions. Mieux vaudrait se conformer scrupuleusement aux règles du système et se détendre ensuite.

Je voudrais citer ici les paroles de Kiran Majumdar Shaw, président et manager de Biocon Ltd : « La personnalité d'Amma est une synthèse extraordinaire de compassion infinie et de prouesse intellectuelle époustouflante. »

CHAPITRE DIX-HUIT

L'amour, l'énergie la plus pure

À un journaliste qui lui demandait quelle était sa couleur favorite, Amma a répondu : « La couleur de l'arc en ciel. Il symbolise l'amour et l'unité. Bien que les sept couleurs soient distinctes, dans l'arc en ciel, nous les voyons ensemble, unies. Malgré la brièveté de son existence, l'arc en ciel apporte la joie à tous. C'est l'amour qui est le principe fondateur de l'unité et qui en est l'essence. La beauté, la force et le charme de la vie, c'est l'amour. L'amour et la vie ne sont donc pas séparés, ils ne font qu'un.

La plupart des multinationales, quelle que soit leur taille, n'ont que peu de foi, voire aucune, en l'amour et la compassion ; elles ne les considèrent pas comme des moyens de réussir en affaires. En clair, les vertus féminines sont considérées comme un trait négatif dans ce milieu. Leur conviction, erronée, est que l'amour et la compassion les rendraient vulnérables à leurs concurrents et à leurs clients. Si bien que la notion d'amour et de compassion en affaires semble aujourd'hui étrange aux professionnels. Néanmoins, des concepts tels que « l'engagement» et « la passion », fréquemment utilisés par les experts dans leurs discours, leurs écrits et leurs conversations, se fondent en réalité sur l'amour. La puissance qui se cache derrière ces mots, c'est l'amour. Sans amour, il est impossible de réussir ou d'accomplir quoi que ce soit.

Certains conseillers en affaires considèrent l'amour comme une notion dépassée. Ils forgent des mots et des préceptes nouveaux pour faire croire que ce qu'ils enseignent est complètement différent, que c'est un nouveau concept « très tendance ». Prenons par exemple ce qu'on appelle « la philosophie New Age », ou bien l'expression devenue si populaire « être ici et maintenant ». Rien de tout cela n'est nouveau. C'est du « vin vieux dans une outre neuve ». Les sages de l'antiquité ont affirmé la même chose dans les Upanishads. Un des proverbes tiré des Ecritures de l'Inde, c'est *'Eha Atra Iva'*, ce qui signifie : « Sois ici et maintenant. » Dieu, la béatitude, la vie, tout cela est ici, maintenant. Tel est le résumé, l'essence de ce dicton des Ecritures. On trouve donc à l'état de graine l'origine de la plupart des idées dites nouvelles dans les Ecritures antiques, bien que celles-ci n'emploient pas de termes scientifiques ou techniques et ne les mentionnent pas précisément.

Carl Sagan (1934-1996), le célèbre astronome et astrophysicien américain, auteur d'ouvrages et d'émissions de vulgarisation scientifique, a déclaré : « Pour les petites créatures que nous sommes, l'immensité des l'univers n'est supportable que grâce à l'amour. » La réussite est inséparable de l'amour. On peut avoir l'air de gravir les échelons de la réussite en faisant fi du soutien de l'amour, mais une telle ascension connaîtra forcément une fin. Bien entendu, il nous appartient de décider ou non de porter dans nos cœurs la flamme de l'amour tout en grimpant les barreaux de l'échelle. Mais n'oublions pas que sans le soutien inconditionnel de l'amour, plus nous montons, plus nous tomberons de haut.

Amma explique : « On peut comparer l'amour à une échelle. La plupart des gens sont au bas de cette échelle. N'y restez pas, continuez à monter, un barreau à la fois et passez peu à peu du plus bas au plus élevé : de l'émotion la plus grossière à l'état suprême de l'Être, à la forme la plus pure d'Amour. L'amour pur est la forme d'énergie la plus pure. Dans cet état de conscience, l'amour n'est pas une émotion. C'est un flot constant de pure conscience, de puissance infinie. Un tel amour est comparable à notre souffle. Jamais vous ne direz : « Je ne respirerai qu'en présence de ma famille, jamais devant mes ennemis, devant les êtres que je déteste. Ainsi, donnez de l'amour à tous sans faire de différence, et n'attendez rien en retour. Soyez toujours celui qui donne, jamais celui qui prend. »

La nouvelle génération semble interpréter l'amour comme une émotion jetable et recyclable à loisir. « L'amour est comme les mouchoirs ou les couches-culottes : on utilise et on jette. » Voilà une idée attractive, propre à susciter l'enthousiasme ! J'ai récemment rencontré un jeune homme, fils d'un riche homme d'affaires. Au cours de notre conversation, il me confia : « Mon père a toutes ces idées bizarres au sujet des affaires. Apprécier les employés, être honnête, charitable, il croit à tout cela et à toutes sortes de vieux idéaux primitifs, dépassés et irréalistes. »

De mon point de vue, ce qui est intéressant dans cette histoire, c'est que le père était parti de rien pour monter son affaire, et qu'il avait mis des années à la développer. C'était sa sueur et son sang. Je fus choqué d'entendre les remarques de ce jeune homme sur les vertus de son père. Elles témoignaient d'un manque de sensibilité et de réflexion.

Pendant un moment, je restai coi. Mais je ne pus m'empêcher de lui dire ensuite : « Il n'est pas étonnant que vous ayez ce sentiment. Vous n'avez pas connu la douleur, les luttes, les souffrances et les austérités que votre père a dû endurer. Cela fait une énorme différence. Il comprend là où il vous manque l'expérience pour avoir une conscience aussi vaste et riche que la sienne. Vous apprendrez par l'expérience, du moins je vous le souhaite. »

Une publicité très répandue pour les bijoux en or affirme : « Ce qui est ancien est de l'or. » ('Old is Gold' en anglais). L'or vrai, c'est l'amour. Il est à la fois ancien et neuf ; sa fraîcheur est éternelle. Comme dit le proverbe : « L'amour est le plus ancien voyageur sur cette terre. » Je dirais que la pure énergie d'amour est originelle, irremplaçable et inestimable, car l'amour est la seule vérité.

Les faits de harcèlement sexuel qui nous sont rapportés, sur le lieu de travail ou ailleurs, peuvent paraître dégrader la puissance innée de l'amour. Mais l'amour pur, lui, demeure une vérité éternelle, inaltérable, que rien ne peut corrompre.

Amma dit : « Comment pourrions-nous réclamer une vérité nouvelle ? Deux et deux ont toujours fait quatre. Comment changer le résultat ? Comment faire en sorte que deux et deux fassent cinq ? C'est impossible. De même, la vérité a été établie une fois pour toutes. Elle est pure, inaltérable. C'est l'amour pur, notre vraie nature, l'énergie sous sa forme la plus pure. » Notre pouvoir d'exprimer, de créer, de produire et de communiquer dépend de notre capacité à nous identifier au sentiment d'amour. C'est également cela qui détermine notre degré de bonheur et de paix intérieure.

Dans son autobiographie, Charles Darwin confesse : « Au cours des vingt ou trente dernières années, mon esprit a subi un changement. Jusqu'à l'âge de trente ans ou plus, je prenais grand plaisir à lire de la poésie, les ouvrages de Milton, Gray, Byron, Wordsworth, Coleridge et Shelley par exemple. J'étais encore écolier que je faisais mes délices des œuvres de Shakespeare, surtout des pièces historiques.

Autrefois, la peinture et la musique me ravissaient. Mais depuis de nombreuses années, je suis incapable de lire une seule ligne de poésie. J'ai récemment essayé de lire Shakespeare et j'ai trouvé cela si ennuyeux que j'en ai eu la nausée. L'art et la musique ont eux aussi perdu presque tout attrait pour moi. Mon esprit semble être devenu une sorte de machine à moudre des lois générales à partir d'une grande collection de faits.

Comment cela a pu causer l'atrophie de la seule partie du cerveau dont dépendent les goûts les plus nobles, je ne puis le concevoir. En les perdant, c'est du bonheur que j'ai perdu. Si je pouvais revivre ma vie, je me ferais une règle de lire un peu de poésie et d'écouter de la musique au moins une fois par semaine. A ne plus pouvoir apprécier la poésie et la musique, on perd du bonheur ; l'intellect aussi en est abîmé et plus probablement encore la moralité, car la partie émotionnelle de notre nature s'en trouve affaiblie. »

Bien que l'amour ne soit pas ici mentionné, il est vraisemblable que Charles Darwin était devenu un être dépourvu d'amour, ou bien qu'il ne restait que peu d'amour dans son cœur. Celui qui ne goûte pas la musique et la poésie, comment pourrait-il accéder à l'amour ?

Occupés à faire des affaires, à gagner de l'argent, à conquérir la célébrité, et à acquérir du pouvoir, nous semblons oublier que l'amour est la puissance suprême, le plus beau cadeau que Dieu nous ait fait. Si le langage de l'amour était oublié dans le monde des affaires et de la politique, ce serait un désastre. Les affaires sont la « tête » qui dirige la production et la politique celle qui est responsable de notre protection. Quelle sera la situation de l'humanité si ses deux têtes oublient l'élément le plus vital de l'existence ?

Quand je dis que les principes de la compassion et de l'amour devraient être intégrés dans les pensées et les actes de nos dirigeants politiques et économiques, je ne parle pas d'un amour émotionnel. Quand l'amour est centré sur les émotions, sa nature peut être destructrice parce qu'il implique un attachement sans discernement. Quand il affaiblit le jugement, un tel amour peut faire plus de mal que de bien à l'individu et à la société.

Il s'agit plutôt d'une vision pleine d'amour et de compassion, fondée sur des principes spirituels authentiques. Ceci implique un effort sincère pour voir les choses d'un point de vue plus élevé et manifester envers tous les membres de l'équipe, quels que soient leur position et leur statut, un degré acceptable d'équité, de respect, de reconnaissance et de sollicitude.

Amma insiste pour que les membres de son équipe débattent des différentes options et travaillent ensemble sur les résultats, pour réussir à se mettre d'accord sur toutes les décisions. Si elle demande que la recherche soit pluridisciplinaire, c'est sans nul doute parce que chaque discipline a quelque chose à apporter dans la recherche d'une solution, mais c'est aussi pour encourager les savants, dans toute l'université, à travailler ensemble, à se respecter mutuellement et à apprendre les uns des autres.

Sinon, les chercheurs courent le risque de s'isoler et de prendre des décisions fondées uniquement sur leurs ressources limitées. Mais quand ils sont contraints de collaborer avec d'autres dans un but commun, cela implique de leur part l'humilité, une écoute respectueuse, la vigilance et le dévouement nécessaires. Même si l'on croit avoir trouvé la solution, comme le consensus est la méthode qui mène à la prise de décision, il faut rester ouvert à des alternatives, au point de vue des autres.

Une décision importante, comme par exemple investir une somme énorme dans une nouvelle entreprise commerciale ou bien essaimer vers une autre ville ou un autre pays, nécessite dans une entreprise plusieurs mois de brainstorming, de planification et de négociation avec des experts. On pèse le pour et le contre, ce qui donne lieu à des réunions interminables au cours desquelles on examine la question.

Le management d'Amma contraste avec un système aussi lourd. Ses décisions sont soudaines et exécutées aussitôt. Il lui arrive parfois de demander à quelqu'un de quitter son poste pour le confier à quelqu'un d'autre. Cela peut arriver n'importe où, n'importe quand. Amma prend ses décisions en voiture, assise dans un parc entourée de centaines de personnes, sur le bas-côté de la route, dans un village isolé, dans un aéroport, dans l'avion, ou bien en recevant les milliers de personnes venues à l'un de ses programmes.

Par exemple, la décision d'effectuer un changement dans un des projets humanitaires ou bien dans une des universités peut prendre la forme d'un ordre, d'une humble requête, ou bien d'une interaction pleine d'amour et de compassion avec le membre de l'équipe concerné, dans une atmosphère ludique. Le degré d'acceptation est toujours élevé. Ici, personne ne craint d'être puni, personne n'est déçu en étant démis de ses fonctions, vaincu ou mis à la porte. Tout le processus est d'une grande beauté, comme un bouton de fleur qui s'épanouit.

Quand elle met le doigt sur le manque de soin ou de dévouement de la ou des personnes impliquées, Amma semble fâchée, contrariée et peinée par l'incident et par le comportement de l'individu. Ces « humeurs » sont mélangées à des moments où elle manifeste de l'amour, de l'affection et conseille à la personne de rester toujours vigilante.

Au milieu de la conversation, Amma plaisante, et elle encourage même ceux qui l'entourent à raconter des blagues ou des histoires. Les rires fusent et l'atmosphère est joyeuse. En bref, tout le processus « d'embauche et de licenciement » devient une occasion de fête. C'est ainsi qu'Amma transforme une expérience apparemment difficile et déplaisante en un moment mémorable, aussi bien pour ceux qui quittent le poste que pour ceux qui le prennent. Ce processus devient une méditation, un évènement qui enrichit leur vie.

Avant d'espérer que les gens changent, il faut d'abord toucher leur cœur et établir le contact avec eux. Les toucher par l'émotion aide à les motiver pour l'action. Amma comprend cette vérité ; en tant que leader, c'est par l'amour et la compassion qu'elle influence le cœur des gens.

Une Française dévote d'Amma avait l'habitude d'acheter des objets de luxe. Elle adorait les fourrures, les parfums de marque, les lunettes de soleil chic, les montres de prix, etc. Si pour une raison ou pour une autre, elle ne pouvait pas se les procurer, elle devenait très agitée et en perdait même le sommeil. Elle vint un jour voir Amma en Inde. Elle passa un mois dans notre Centre avant de rentrer à Paris. Un mois plus tard, elle écrivit à Amma. Dans sa lettre, elle expliquait son habitude de choisir toujours des objets de luxe. Après son retour d'Inde, elle avait eu le désir d'acheter une montre d'une certaine marque. Mais comme celle-ci coûtait très cher, il lui avait fallu faire des heures supplémentaires et être très productive dans son travail. Quand elle eut réuni la somme nécessaire, elle se rendit à la boutique ; il y avait un vaste choix de montres. En regardant le prix énorme inscrit sur l'étiquette de cette montre, elle songea soudain aux orphelins, aux handicapés et aux sans-abris qu'elle avait vus pendant sa visite en Inde. Elle pensa à la compassion qu'Amma manifestait envers eux.

Elle se dit que la montre lui apporterait peut-être un certain bonheur pendant quelque temps, mais que cet argent pourrait aussi aider beaucoup de malheureux qui manquaient de nourriture, de vêtements, et n'avaient pas accès à des soins médicaux ou à une éducation correcte. « En fait, j'ai simplement besoin de savoir l'heure, songea-t-elle, et une montre à sept euros suffit bien pour cela. Ne vaudrait-il pas mieux employer cet argent de manière à apporter un peu de lumière dans la vie de ceux qui souffrent ? » Elle abandonna l'idée d'acheter la montre de prix et décida d'utiliser cette somme pour aider les pauvres et les nécessiteux.

Elle concluait la lettre en disant : « Merci, Amma, de m'aider à retrouver l'amour qui est en moi. J'étais toujours tendue, je pensais constamment aux objets que je désirais. J'éprouve aujourd'hui un sentiment de joie et de contentement qui m'était auparavant inconnu. »

Quand on interroge Amma sur la manière dont notre ONG réussit à accomplir toutes ces œuvres caritatives, elle répond : « Ma richesse, ce sont les membres de mon équipe. Ils sont vertueux et ils ont bon cœur. Ce sont eux qui font tout. » Elle est la seule inspiratrice, le seul guide, mais elle ne s'en attribue pas le crédit. Elle ne revendique rien, n'a aucun attachement. C'est ce qui aide les gens à offrir de bon cœur leurs services aux nobles causes qu'elle représente.

Selon moi, Amma appartient à une catégorie for rare. Elle n'est pas un Chief Executive Officer (PDG) mais un Chief Enlightened Overseers, un manager suprêmement éclairé. Elle n'a aucun attachement et n'exerce pas d'autorité.

Laissez-moi vous donner un exemple. Amma voyage dans le monde entier depuis 1987. Elle se rend chaque année aux Etats-Unis, en Europe et une année sur deux en Australie, en Asie du Sud, parfois en Amérique du Sud et en Afrique. Lors d'un voyage aux Etats-Unis, à New York, Amma passa les premiers jours dans l'appartement d'un dévot à Manhattan. C'était un appartement situé au dernier étage d'un immeuble, immense et très luxueux.

Pendant une conférence de presse tenue dans ce même appartement, un des journalistes demanda à Amma : « Vous êtes dans cet appartement de luxe alors qu'il y a dehors des SDF. » Amma répondit : « Pour moi, le monde entier est un lieu de passage, comme une chambre d'hôtel. On y reste un jour ou deux, puis on la quitte. Je ne suis attachée à rien.

Amma ajouta : « Je suis ici aujourd'hui, demain je logerai dans une pièce sombre au Manhattan Center. En Europe je ne quitte pas le lieu du programme et la plupart du temps, ce sont des salles de sport ou de spectacle. Pendant les deux ou trois jours du programme, je séjourne dans une des loges de la salle. Ce sont des pièces sans fenêtres ni ventilation, parfois il n'y a pas de toilettes ni de douches. J'apprécie les deux. »

Lorsque nous sommes capables de superviser, nous restons au-dessus de tout, simples témoins, et nous avons une meilleure vision de l'ensemble. Tel est l'état intérieur d'un guide accompli.

Amma dit : « Un vrai guide est un serviteur authentique de la société. Mais dans le monde d'aujourd'hui, chacun veut être roi. Quel serait l'état d'un village où tous les habitants lutteraient pour devenir roi ? Il y règnerait un chaos et une confusion absolus. Tel est l'état du monde actuel. Tout le monde veut être le chef. Le résultat est que personne n'est là pour rendre service. Devenez un vrai serviteur, et vous serez réellement un chef. »

Une fois que nous avons saisi l'essence de l'abnégation, telle que nous la voyons manifestée dans la nature, une fois qu'elle est devenue partie intégrante de notre vie, notre seul sentiment est une profonde gratitude. Tout le reste disparaît. Nous devenons une humble offrande, et nous acceptons avec gratitude tout ce qui nous est envoyé par l'univers. C'est là que les énergies féminines et masculines se rencontrent et s'unissent.

La réussite d'Amma, c'est le triomphe de la pure énergie féminine, raffinée et parfaitement harmonisée avec une puissante énergie masculine. Amma l'exprime ainsi : « Le sentiment maternel dans toute sa profondeur est en train de disparaître rapidement de la planète. Non seulement les femmes, mais les hommes aussi doivent développer leurs qualités féminines. »

L'énergie féminine est particulièrement douée pour effectuer des tâches multiples. Observez une mère. Elle s'occupe de son bébé, prépare le petit déjeuner, ramasse le linge, répond au téléphone, cherche la commande de la télé, qui était égarée, la trouve et allume la télé pour son aîné, tout cela en même temps. Cela paraît facile, dites-vous ? Essayez et voyez vous-même dans quelle mesure vous réussissez.

Les enfants débordent d'énergie et il est difficile de dormir avec eux. Vous êtes fatigué et vous vous endormez dès que vous mettez la tête sur l'oreiller. Mais c'est justement à ce moment-là que l'enfant veut jouer, entendre une histoire ou regarder un dessin animé. Et si ce n'est rien de tout cela, il veut un verre d'eau ou encore il a besoin d'aller aux toilettes. Une mère peut gérer tout cela. Elle a la patience nécessaire. Pour un homme, une telle situation pourrait bien représenter un véritable défi.

L'énergie féminine possède également une flexibilité et une fluidité qui manque à l'énergie masculine. Je ne veux pas dire que les hommes ne la possèdent pas. Elle existe chez eux, mais à l'état latent. Sans aucun doute, il est possible de l'éveiller et de l'appliquer à nos activités quotidiennes. Il existe par exemple des pères qui intègrent l'énergie féminine et réussissent merveilleusement bien à élever leurs enfants, seuls.

Je vois cette puissance de l'énergie féminine chez Amma, démultipliée, et mêlée dans la même proportion à l'énergie masculine. Et quand j'observe Amma en pleine action, je ressens une énergie extraordinaire, provenant de cet être à l'aspect très ordinaire.

Pour citer Amma : « La purification de l'esprit et la purification de l'amour vont de pair, elles se produisent simultanément. Ainsi se crée un flot d'énergie ascendante qui nous emporte vers le sommet de l'existence. »

Jésus a dit : « Sots que vous êtes ! Vous nettoyez l'extérieur de la coupe sans jamais vous soucier de l'intérieur. Ignorez-vous que l'intérieur est plus utile que l'extérieur ? »

Un corps humain est un récipient, une coupe, et nous en nettoyons chaque jour l'extérieur en prenant une douche. Mais combien d'entre nous purifient l'intérieur : l'esprit, les pensées, notre vie intérieure ? La Bhagavad Gita distingue le corps (*kshetra*) et l'âme (*kshetragña*). Le corps est un temple dont l'âme est la déité. Voici une magnifique citation d'Albert Einstein : « Un être humain est une partie d'un tout que nous appelons l'univers, une fraction limitée dans le temps et dans l'espace. Il a le sentiment d'être séparé du reste, c'est une sorte d'illusion d'optique de sa conscience. Cette illusion constitue comme une prison, qui nous enferme dans nos désirs personnels et l'affection que nous éprouvons pour nos proches. Notre tâche consiste à nous en libérer pour élargir le cercle de notre compassion à tous les êtres vivants et à l'ensemble de la nature, dans toute sa beauté. »

Bien au contraire, la grande majorité des gens ne se préoccupe absolument pas des autres. Le nombre des gens qui ne recherchent que le pouvoir et l'argent augmente. L'érosion des valeurs aggrave encore la situation. Mus par l'avidité et hantés par la peur, les êtres humains sont malheureux, rongés intérieurement par le chagrin.

Si nous voulons survivre, un changement s'impose. Si nous nous y refusons, la nature nous y contraindra par des catastrophes naturelles.

Amma explique : « Il y a deux façons de vivre : grandir ou vieillir. Grandir est un voyage vers la maturité, tandis que vieillir mène à la peur et à la mort. Vieillir est le destin de toutes les créatures. Mais seuls les êtres qui ont le courage de percer la surface des expériences de la vie, d'accepter le changement avec un esprit ouvert, grandissent. »George Bernard Shaw a remarqué fort justement : « Il est impossible de progresser sans se transformer. Ceux qui sont incapable d'évoluer intérieurement ne peuvent rien changer. » Bref, une transformation réellement bénéfique ne se produit que par un changement de la conscience profonde, qui implique l'abandon de mémoires anciennes, de vieilles habitudes etc. Sans ce travail intérieur, sans dissiper les ténèbres du passé, nous pouvons tout juste créer l'illusion que nous avons changé.

En réalité, nous sommes dans l'égarement. Nous portons le masque du passé et nous y sommes complètement identifiés. Nous croyons être ce masque et nous risquons d'induire également les autres en erreur. Pour citer les Ecritures, c'est le cas « de l'aveugle qui guide un autre aveugle ». En clair, nous allons vers des ténèbres encore plus profondes.

Notre intellect s'efforcera peut-être de nous convaincre que nous avons triomphé de l'obscurité du passé, que nous avons fait de grands progrès pour dépasser nos limites. Certains font semblant d'être sortis du passé, d'autres ne sont tout simplement pas conscients qu'ils n'en sont pas libérés. Quant à ceux qui ont réellement transcendé leurs limites et leurs faiblesses, ce sont leurs actions qui le manifestent. Nous ne pouvons espérer survivre et nous épanouir que si nous accomplissons le voyage intérieur qui conduit du passé vers le présent.

Cela dit, même si les sombres nuages des tendances négatives s'accumulent, une évaluation objective montrera des signes actifs d'un éveil, d'un appel à une renaissance. On perçoit des efforts sincères pour aboutir à une transformation intérieure. Nous avons la capacité de l'accomplir. En vérité, nous seuls en avons le pouvoir. Il nous reste encore à prendre conscience de la puissance infinie qui est en nous.

L'adversité est la terre la plus fertile qui soit pour que la graine de notre conscience grandisse. C'est en luttant et en affrontant les dangers avec courage qu'une graine sort de terre, puis se développe et devient un arbre immense, capable de donner de l'ombre.

Je songe à ces paroles d'Amma : « Nous donnons généralement du fumier et des feuilles de thé comme engrais aux rosiers. De la terre malodorante émerge le rosier aux fleurs magnifiques et parfumées. La plante elle-même a de nombreuses épines, et pourtant la rose s'y développe joyeusement, en dépit des circonstances défavorables. La fleur offre sa beauté à tous. De même, bien que tout, dans le monde, semble aller de travers, nous pouvons et nous devons sortir de ces ténèbres passagères. »

Tout est en mouvement, en changement perpétuel. Une véritable aspiration au changement existe, qui consisterait moins à réparer un monde brisé qu'à remettre l'éthique au premier plan. Progressivement, quelques unes des entreprises du « Fortune 500 » (*classement des 500 premières entreprises américaines publié chaque année par le magazine Fortune*) intègrent peu à peu la compassion dans leurs plans d'affaires prévisionnels. Elles évoluent vers plus de sollicitude et de spiritualité. Les membres du comité directeur désirent agir de manière plus responsable socialement et remettent sérieusement en question les motivations habituellement égoïstes des entreprises et leur insensibilité au sort des gens et de la nature.

Puissent nos passions aller de pair avec la compassion. Puisse notre mode de pensée être transformé par l'introspection et la méditation. Puissent les émotions perturbatrices être transformées en amour, la forme d'énergie la plus pure.

www.ingramcontent.com/pod-product-compliance
Lightning Source LLC
LaVergne TN
LVHW020353090426
835511LV00041B/3030